Teologia das cidades

O selo DIALÓGICA da Editora InterSaberes faz referência às publicações que privilegiam uma linguagem na qual o autor dialoga com o leitor por meio de recursos textuais e visuais, o que torna o conteúdo muito mais dinâmico. São livros que criam um ambiente de interação com o leitor – seu universo cultural, social e de elaboração de conhecimentos –, possibilitando um real processo de interlocução para que a comunicação se efetive.

Acyr de Gerone Junior

Teologia das cidades

Rua Clara Vendramin, 58 . Mossunguê CEP
81200-170 . Curitiba . PR . Brasil
Fone: (41) 2106-4170
www.intersaberes.com
editora@editoraintersaberes.com.br

Conselho editorial
Dr. Ivo José Both (presidente)
Dr.ª Elena Godoy
Dr. Neri dos Santos
Dr. Ulf Gregor Baranow

Editora-chefe
Lindsay Azambuja

Gerente editorial
Ariadne Nunes Wenger

Analista editorial
Ariel Martins

Preparação
BELAPROSA

Capa e projeto gráfico
Charles L. da Silva

Iconografia
Vanessa Plugiti Pereira

Dados Internacionais de Catalogação na Publicação (CIP)
(Câmara Brasileira do Livro, SP, Brasil)

Gerone Junior, Acyr de
  Teologia das cidades/Acyr de Gerone Junior.
Curitiba: InterSaberes, 2015. (Série Conhecimentos em Teologia)

  Bibliografia.
  ISBN 978-85-443-0328-3

1. Cidade e religião 2. Cidades – Aspectos religiosos – Igreja Católica 3. Igreja Católica – Aspectos sociais 4. Teologia – Estudo e ensino 5. Teologia social I. Título. II. Série.

15-10030   CDD-261

Índice para catálogo sistemático:
1. Teologia social 261

1ª edição, 2015.
Foi feito o depósito legal.

Informamos que é de inteira responsabilidade do autor a emissão de conceitos.
Nenhuma parte desta publicação poderá ser reproduzida por qualquer meio ou forma sem a prévia autorização da Editora InterSaberes.
A violação dos direitos autorais é crime estabelecido na Lei n. 9.610/1998 e punido pelo art. 184 do Código Penal.

sumário

9   *apresentação*

capítulo um

13   **Sobre a cidade: conceitos e fundamentos essenciais**

16   1.1 A história das cidades

20   1.2 As cidades na atualidade

capítulo dois

39   **Pressupostos para entender a cidade I:**
a vida na pós-modernidade

42   2.1 Modernidade e pós-modernidade:
história, transição e definições fundamentais

47   2.2 Características da pós-modernidade

59   2.3 A influência pós-moderna na teologia e na igreja

capítulo três

**69   Pressupostos para entender a cidade II:
as questões sociais**

73   3.1 A pobreza e as desigualdades sociais

83   3.2 A violência nas cidades

87   3.3 Outras questões pertinentes

94   3.4 Desafios teológico-pastorais: justiça social e mensagem
transformadora

capítulo quatro

**101   As cidades na Bíblia: perspectivas no Antigo
e no Novo Testamento**

104   4.1 Panorama geral: a presença das cidades na Bíblia

108   4.2 As cidades no Antigo Testamento

109   4.3 As cidades no Novo Testamento

112   4.4 As cidades como espaço de ação divina

116   4.5 Babilônia: a cidade como centro de poder,
pecado e injustiça

117   4.6 Jerusalém: a cidade como centro de justiça,
paz e ação divina

capítulo cinco

**127   Refletindo sobre uma teologia para a cidade: desafios e
perspectivas da pastoral urbana**

130   5.1 A missão integral a partir da *Missio Dei:*
a missão de Deus na cidade

135   5.2 As famílias da cidade: o grande desafio pastoral urbano

137   5.3 Uma teologia cidadã

140   5.4 Educando para transformar cidades

142   5.5 Desenvolvimento comunitário

144   5.6 Capelania cristã

145   5.7 Contextualização

capítulo seis

155 Desenvolvendo um programa de pastoral e teologia nas cidades

158 6.1 Elaborando um projeto ministerial para a cidade

160 6.2 Neemias e a reconstrução da cidade como modelo de projeto ministerial

171 6.3 Roteiro de projeto: um modelo

177 *considerações finais*

179 *referências*

193 *sobre o autor*

apresentação

As cidades constituem um grande desafio para a nossa sociedade atual. Constatamos um crescimento da urbanização que já não é mais possível controlar. Desafios sociais e sociológicos emergem e, muitas vezes, entram em conflito com a ação da igreja na cidade. Nesse contexto, precisamos fazer uma análise da atuação pastoral cristã nos centros urbanos.

Esta obra visa capacitá-lo a interagir com a cidade, a fim de desenvolver uma pastoral contextualizada e urbana, no verdadeiro sentido da palavra, afinal, o cidadão da cidade precisa de um tratamento adequado e de um pastoreio objetivo e definido para a sua realidade.

Sendo assim, trilharemos um caminho de análise histórica, sociológica, teológica e bíblica. Nesse sentido, o primeiro capítulo contribuirá com uma compreensão histórica sobre como as cidades surgiram e cresceram e como se deu – e se dá – essa relação com a religiosidade urbana na história e na atualidade.

No segundo capítulo, apresentaremos alguns pressupostos fundamentais que contribuem para a compreensão da vida na cidade. Nossa análise se dará com base no conhecimento e na influência que a modernidade e a pós-modernidade provocaram na vida das pessoas, na teologia e na igreja.

Ainda numa reflexão sobre os pressupostos fundamentais para a compreensão da cidade, no terceiro capítulo analisaremos as questões sociais que fazem parte do cotidiano das pessoas nos espaços urbanos atuais. Importa entender como pobreza, injustiça, exclusão, violência, entre outros aspectos, interferem na realidade e quais os desafios teológicos e pastorais para a presença pública da igreja no contexto urbano por meio de mensagens que instiguem justiça social e transformação.

Fundamentados no conhecimento histórico e sociológico, o próximo passo será conhecer e entender o que a Bíblia diz sobre as cidades. Assim, no quarto capítulo, apresentaremos um panorama geral das cidades nos relatos bíblicos, tanto no Antigo quanto no Novo Testamento, e como Jesus e o Apóstolo Paulo realizaram um ministério pastoral urbano, em que as cidades se constituíam como espaço de misericórdia e salvação.

No quinto capítulo, o foco será estabelecer uma reflexão teológica para a cidade alicerçada nos desafios da pastoral urbana que possam ser superados de forma significativa por meio da atuação da igreja nos centros urbanos, mediante um projeto missionário que instigue a transformação da cidade.

Finalmente, no sexto capítulo, a atividade será mais prática. Depois de estabelecer as bases históricas, sociológicas e bíblicas, você será desafiado a desenvolver um programa de pastoral e um ministério urbano, tendo como inspiração e modelo ministerial a reconstrução de uma cidade segundo o relato bíblico de Neemias. Para tanto, será importante entender qual é o plano de Deus em relação às cidades e como podemos desenvolver um projeto ministerial que seja significativo e relevante para as pessoas que vivem nos espaços urbanos.

Deus tem um plano para as cidades e nós, como igreja do Senhor Jesus, devemos nos perguntar se temos um plano capaz de transformar a realidade em que vivemos. Você, leitor, consagrado e engajado com o Reino de Deus, deve se atentar à cidade e ao seu grande desafio: o futuro quanto à evangelização, aos valores urbanos e às alternativas que precisam ser definidas para que a igreja seja um diferencial no meio em que está inserida.

Desejo que este estudo seja um diferencial em sua vida e espero que você seja impactado pelo trabalho na cidade, e que o amor que Deus nutre pelas cidades impacte sua vida.

Um abraço!

capítulo um

Sobre a cidade: conceitos e fundamentos essenciais

O Senhor disse a Moisés: Mande alguns homens para espionar a terra de Canaã [...] Quando Moisés os mandou espionar a terra de Canaã, disse a esses homens o seguinte: — Vejam bem que terra é essa. Vejam também se o povo que mora nela é forte ou fraco, se são poucos ou muitos. Vejam se a terra onde esse povo mora é boa ou ruim, se as suas cidades têm muralhas ou não. Examinem também a qualidade da terra, se é boa para plantar ou não. Vejam se há mata. Tenham coragem. (Bíblia de estudo NTLH, 2005. Números, 13: 1-2; 17-20)

Teologizar sobre as cidades é uma tarefa árdua e desafiadora. A cada dia percebemos o quanto a ciência e, por consequência, a vida nas cidades constituem um desafio para todas as pessoas. Portanto, antes de nos aprofundarmos na compreensão de uma teologia para as cidades, importa-nos entender os principais aspectos que permeiam a vida urbana.

Para tanto, perpassaremos, necessariamente, por aspectos multi e transdisciplinares, que envolvem as disciplinas de Sociologia, História, Cultura, Tecnologia da Informação etc. Afinal,

> *A transdisciplinaridade é uma abordagem científica que visa à unidade do conhecimento. Desta forma, procura estimular uma nova compreensão da realidade articulando elementos que passam entre, além e através das disciplinas, numa busca de compreensão da complexidade. Além disso, do ponto de vista humano a transdisciplinaridade é uma atitude empática de abertura ao outro e seu conhecimento* (Rocha Filho, 2007, p. 53)

Não há dúvida de que falar e, posteriormente, teologizar sobre as cidades faz parte da complexidade referida por Rocha Filho (2007). O mais importante nesse sentido é a imersão que o estudante realizará em várias teses, disciplinas e possibilidades. Não há como construir uma ação teológica relevante sem conhecer a funcionalidade, as estruturas sociais, a história e tantos outros aspectos que fundamentam e dão norte à vida nas cidades.

De início, vale a pena trazer à luz algumas questões:

- O que é uma cidade e como ela surgiu?
- O que é urbanização?
- Como as pessoas vivem cotidianamente nas cidades?
- E o mais importante: O que tudo isso tem a ver com a ação da igreja?

No texto bíblico de Números, Capítulos 13 e 14, Deus deu uma ordem a Moisés: que fossem enviados espias a fim de examinarem as cidades. Deus lhes deu permissão, com a instrução de que um dos príncipes de cada tribo fosse escolhido para tal fim. Os homens foram escolhidos, conforme ficara determinado, e Moisés mandou-os ir ver o país — como era essa região, sua situação de momento, as vantagens naturais e como era o seu povo, se

Sobre a cidade: conceitos e fundamentos essenciais

eram fortes ou fracos, poucos ou muitos; além disso, eles deveriam observar a natureza do solo e sua produtividade e verificar os frutos da terra. É possível perceber, portanto, o quanto é estratégico e importante conhecer os meandros que permeiam a cidade para que a ação da igreja seja realizada com maior eficiência.

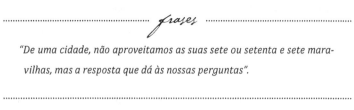

"De uma cidade, não aproveitamos as suas sete ou setenta e sete maravilhas, mas a resposta que dá às nossas perguntas".

Fonte: Calvino, 1990.

Essas questões são fundamentais para que possamos iniciar nosso estudo. Você perceberá o quanto a cidade é fascinante e desafiadora; conhecê-la um pouco mais despertará seus interesses atuais para o que acontece na cidade, para que nela sejamos capazes de desenvolver uma teologia relevante.

1.1 A história das cidades

A história das cidades, de um panorama geral, remete a períodos da Antiguidade. Alguns historiadores afirmam que as primeiras cidades surgiram entre quinze e cinco mil anos, dependendo das distintas explicações sobre o que, de fato, demarca um antigo assentamento permanente e uma cidade na perspectiva atual. De fato, é difícil chegar a uma conclusão; muito se diz e pouco se sabe sobre como se deu o processo e sobre como surgiu a primeira cidade da história. Lewis Mumford (1982, p. 9), historiador urbano, relata que "as origens da cidade são obscuras, enterradas ou irrecupera-velmente apagadas uma grande parte de seu passado".

Importante! ....

A parte da história direcionada ao estudo da natureza histórica das cidades e do processo de urbanização é chamada *história urbana*.

....

Pelo que se sabe, agrupamentos de pessoas que deixavam de atuar como fazendeiros isolados, passando a residir e a trabalhar em ambientes coletivos, contribuíram para que as cidades fossem surgindo – ou seja, a origem das cidades está atrelada à fixação de um grupo de pessoas em um determinado lugar. Essa nova realidade foi provocada por questões de produção, comércio, segurança e, até mesmo, por questões religiosas, já que a centralização facilitava a vida de todos. As sociedades que então passaram a viver dessa forma podem ser denominadas *civilizações*. Esse movimento denomina-se *revolução neolítica*:

> *As primeiras cidades surgiram onde a técnica neolítica e as condições materiais permitiram aos agricultores produzir mais do que aquilo de que necessitavam para consumir. A partir do momento em que uma sociedade ultrapassa a pura atividade de subsistência quotidiana, desenvolve-se um sistema de distribuição do produto.* (Castells, 1983, p. 92)

Assim começaram a surgir os sistemas de produção e distribuição, que contribuíram para a organização social que rege as cidades. Com o tempo, portanto, aqueles que produziam mais do que o necessário para seu sustento comercializavam o excedente da produção com seus pares nas cidades que se formavam. Com o comércio estabelecido, as cidades passaram a girar em torno de

Sobre a cidade: conceitos e fundamentos essenciais

centros religiosos, administrativos, sociais e, consequentemente, políticos. Já podemos antecipar que é nesse ínterim que começou a surgir a divisão da população em classes sociais distintas e a polarização econômica que persiste até os dias atuais.

Brunn, Hays-Mitchell e Zeigler (2008), em um livro que retrata a história das cidades e o desenvolvimento regional urbano no mundo, afirmam que as primeiras cidades conhecidas apareceram na Mesopotâmia, tais como Ur, ao longo do Rio Nilo, na Civilização do Vale do Indo e na China, entre aproximadamente sete a cinco mil anos atrás. A Figura 1.1 demonstra, por meios de uma recriação artística, como era essa antiga cidade. O nome *Mesopotâmia* vem do grego e significa "terra entre rios"; essa terra estava localizada entre os rios Tigre e Eufrates, como é possível perceber na Figura 1.2, a seguir. Hoje, nessa região, localiza-se o Iraque.

Figura 1.1 – Concepção artística da antiga cidade de Ur, na Mesopotâmia

Crédito: André Müller

Fonte: Adaptado de Templodeapolo.net, 2015.

Figura 1.2 – Mapa da Mesopotâmia: primeiras civilizações

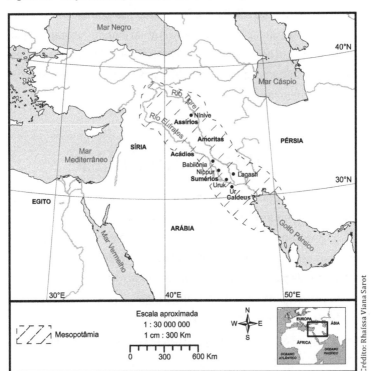

A maior parte das cidades da Antiguidade não tinha mais do que dez mil habitantes e não eram maiores do que 1 km². No entanto, é óbvio que, com o passar do tempo, surgiram cidades maiores, como Jericó, Çatalhöyük e Mehrgarh. Harappa e Mohenjo-Daro, ambas cidades da civilização do Vale do Indo, eram as mais populosas dessas antigas cidades, com uma população conjunta estimada entre 100 e 150 mil habitantes.

Com o passar do tempo, o crescimento de impérios antigos levou ao aparecimento de grandes cidades, que eram capitais e sedes de administração provincial, como Babilônia, Roma, Antioquia, Alexandria, Cartago, Selêucida do Tigre, Pataliputra (localizada na atual Índia), Changan (localizada na atual China), Constantinopla (atual Istambul) e, posterior e sucessivamente, diversas cidades chinesas e indianas que se aproximaram ou mesmo superaram a marca de meio milhão de habitantes.

1.2 As cidades na atualidade

Entender o processo de surgimento das cidades é importante, pois ajuda-nos a compreender um pouco mais os aspectos que as envolvem. No entanto, o mais importante é conhecer como as cidades estão e como funcionam na atualidade. Pensando em estabelecer uma teologia para as cidades, é fundamental que o teólogo conheça a sua cidade, pois cada uma tem a sua própria história. Importa conhecer seus primórdios, seus processos urbanizatórios, quem exerceu ou exerce o poder político, econômico, administrativo, social, espiritual etc.

Figura 1.3 – Processo de conhecimento da cidade

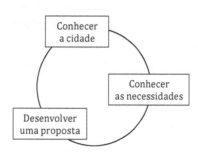

Quando se conhecem as cidades e suas particularidades, é possível identificar do que cada uma delas necessita. Não há como desenvolver uma teologia bíblica relevante e significativa para as cidades sem que conheçamos suas estruturas – ou seja, conhecendo como funcionam os aspectos mais profundos e abrangentes da lógica urbana, será possível conhecer as suas faltas. Eis uma sequência de trabalho: conhecendo o espaço urbano, é possível conhecer suas necessidades, para, então, desenvolvermos uma proposta de ação que faça a diferença e que seja efetiva.

1.2.1 Conceito de cidade

Segundo o Dicionário Houaiss da Língua Portuguesa (2001), a cidade pode ser compreendida como uma "aglomeração humana de certa importância, localizada numa área geográfica circunscrita e que tem numerosas casas, próximas entre si, destinadas à moradia e/ou a atividades culturais, mercantis, industriais, financeiras e a outras não relacionadas com a exploração direta do solo" (Houaiss; Villar; Franco, 2001).

Assim, podemos compreender que a cidade se expressa como um local geográfico significativamente urbanizado, com ingerência político-administrativa organizada. A grande diferença entre uma cidade e um vilarejo é, justamente, a urbanização marcante da primeira. As cidades apresentam a densidade populacional, sendo caracterizadas por um crescimento desordenado nas periferias, grandes construções (prédios, casas, pontes etc.), comércio movimentado, extensas ruas e avenidas cheias de automóveis que congestionam o trânsito, entre tantos outros aspectos. É possível constatar que existem pequenas, médias e grandes cidades; algumas com poucos habitantes e outras já sem espaço para o crescimento populacional cotidiano. A cidade é, portanto, um espaço que todos

Sobre a cidade: conceitos e fundamentos essenciais

conhecemos e que, com o passar do tempo, deixou de ser um local pacato, pouco movimentado ou rural, para ser um local onde grande parte dos membros da sociedade escolheram viver.

1.2.2 Êxodo rural e urbanização das cidades

Falar sobre urbanização a partir de uma perspectiva teológica e pastoral é mais um desafio. O conceito de urbanização transcende os limites geográficos da cidade da forma como aprendemos no ensino fundamental. O modo de vida urbano influencia a maior parte da população, mesmo aqueles que não vivem nas grandes cidades. Tal efeito se dá através dos meios de comunicação, que crescem a cada dia. Por exemplo: percebemos normalmente a influência que a moda, principalmente, exerce sobre as pessoas que moram nos sertões, em comunidades ribeirinhas da Amazônia ou no interior do nosso país. As pessoas e as mercadorias se impõem em um universo sem fronteiras.

Importante!
Urbanização é o processo de agrupamento das características urbanas, como infraestrutura (água, esgoto, gás, eletricidade) ou serviços urbanos (transporte, educação, saúde), para uma localidade ou região que antes se organizava com base em uma lógica rural.

A urbanização é um fato mundial. Segundo Brunn, Hays-Mitchell e Zeigler (2008), esse processo teve início no século XVIII, com a Revolução Industrial e a decorrente invenção da máquina a vapor e de outros equipamentos industriais. Esse período perdurou até o fim do século XIX nos atuais países desenvolvidos (EUA e países da Europa, principalmente). Várias cidades dessas regiões sofreram alterações drásticas no período da Revolução Industrial, tornando-se grandes centros industriais. Em outras regiões, como África, Ásia e América Latina, em países ainda em desenvolvimento, o processo de urbanização se iniciou um pouco mais tarde, mas, da mesma forma, é possível perceber que, atualmente, a maior parte da população mundial vive nas grandes áreas urbanas.

Outro aspecto a ser considerado é o **êxodo rural**. A mecanização das atividades rurais e a atração exercida pelas cidades, fantasiadas como lugares que oferecem melhores condições de vida, são dois dos principais fatores do êxodo rural. As pessoas migraram para as cidades na esperança de ter uma vida melhor, em comparação às dificuldades que existem no campo. A mudança, nesse sentido, é significativa e envolve vários aspectos da realidade urbana: com o aumento da população, surgem indústrias espalhadas pelos bairros e evidencia-se a necessidade de mobilidade e infraestrutura urbana etc. Posteriormente, trataremos em um capítulo específico dos desafios que as cidades apresentam, provocados em grande parte pela urbanização desenfreada que vivenciamos na atualidade.

O século XX presenciou um crescimento significativo das cidades. Na década de 1960, a população urbana representava 34% da população do planeta. Esse número saltou para 44% em 1992, e existe uma estimativa de que 61,01% da população mundial estará vivendo em cidades até 2025. Brunn, Hays-Mitchell e Zeigler (2008) afirmam que, com exceção da África subsaariana e do Sul da Ásia, áreas urbanas concentram mais da metade da população na maioria dos países do mundo. Esses autores ainda ressaltam que o processo de urbanização prosseguirá, nos próximos anos, em todo o mundo, de forma ainda mais acentuada nos países em desenvolvimento. Estima-se que a taxa de crescimento populacional em áreas urbanas até 2030 seja de 1,8% ao ano, em contraste com o crescimento anual estimado de 1% da população mundial. Nos países

Sobre a cidade: conceitos e fundamentos essenciais

em desenvolvimento, esse índice será de 2,4%, em contraste com 0,2% nas áreas rurais. É possível perceber, portanto, o quanto uma teologia para as cidades será necessária nesse contexto.

Assim, mais da metade da população mundial vive em zonas urbanas, e esse número cresce cada vez mais; estima-se que, até 2050, dois terços da população mundial viverá em cidades e vilas. A população urbana mundial cresce cerca de 60 milhões de pessoas a cada ano; a maior parte dessas pessoas nasce em países de baixa e média renda. Esses dados constam do último *Relatório sobre a Situação da População Mundial*, de 2011, produzido pela Divisão de Informações e Relações Externas do Fundo de População das Nações Unidas (UNFPA).

De acordo com a Organização das Nações Unidas (ONU), o número de cidades com mais de 10 milhões de habitantes (megacidades ou megalópoles) será de 60 nos próximos anos. Em comparação, em 1950 existia apenas uma cidade com esse número de habitantes em todo planeta – Nova York. Estima-se que Tóquio, Mumbai, Jacarta, Karachi, Lagos e São Paulo terão mais de 20 milhões de habitantes. Devemos notar, nesse contexto, que a maior parte das metrópoles do mundo está localizada em países subdesenvolvidos.

Figura 1.4 – Megacidades e suas especificidades

Em reportagem realizada pela *Revista Planeta*, Kraas et al. (2009) afirmam:

As megacidades caracterizam-se por uma enorme diversidade demográfica. Nelas coexistem com frequência grupos de várias etnias, comunidades e estratos sociais com diferentes raízes culturais e estilos de vida. Devem ainda ser consideradas as variações de crescimento econômico, a polarização social, a qualidade das infraestruturas e de intervenção pública.

Com esse crescimento desenfreado, obviamente os problemas aumentam. Portanto, além de acumular pessoas, as cidades acumulam dificuldades. Os problemas são diversos: estruturais, econômicos, sociais e políticos. Para muitos, a vida urbana passou a ser sinônimo de desemprego, pobreza, favelas, congestionamento, poluição etc.

1.2.3 O contexto brasileiro

No Brasil, a situação não é diferente. A urbanização brasileira foi tardia, mas muito rápida e mais elevada que a de outros países com grande população. O Brasil deixou de ser um país essencialmente rural no fim da década de 1950. Meio século atrás, a sociedade brasileira era predominantemente rural. Vejamos, na tabela a seguir, a grande mudança ocorrida nas últimas décadas.

Tabela 1.1 – Percentual de população urbana e população rural no Brasil

Ano	População Rural	População Urbana
1950	64%	36%
1980	32%	68%
2000	18,8%	81,2%
2010	15,6%	84,4%

Fonte: UolNotícias, 2011.

Sobre a cidade: conceitos e fundamentos essenciais

A população brasileira passou de 9.930.478, de acordo com o primeiro censo de 1872, para 190.755.799 habitantes em 2010 – multiplicou mais de 19 vezes no "breve" período histórico de 140 anos, tornando-se a quinta maior população do mundo. Como é possível perceber na tabela que acabamos de ver, atualmente mais de 84% de seus habitantes moram em áreas urbanas (UolNotícias, 2011). Portanto, existem mais de 160 milhões de pessoas para pouco mais de 5 mil cidades no Brasil. Vale também ressaltar os dados da Figura 1.5.

Figura 1.5 – Realidade populacional nas cidades

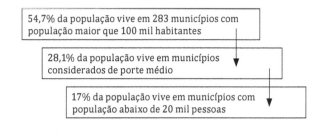

Fonte: Elaborado com base em IBGE, 2010.

O IBGE caracteriza a rede urbana da seguinte forma:

- **Cidade pequena** – 500 a 100.000 habitantes.
- **Cidade média** – 100.001 a 500.000 habitantes.
- **Cidade grande** – acima de 500.000 habitantes.
- **Metrópole** – acima de 1.000.000 de habitantes.
- **Megacidade** – acima de 10.000.000 de habitantes.

Em síntese, conclui-se que a urbanização é um fenômeno que acontece em todo o mundo, com muita intensidade em dois terços dos países do globo; o Brasil não está fora dessa realidade. Também é fato que no mundo inteiro as cidades estão passando por uma explosão demográfica. Todas essas questões devem, portanto, ser estudadas e interpretadas em cada contexto em que a igreja está inserida.

1.2.4 Transição e características: o rural e o urbano

Já constatamos que houve um processo de êxodo rural e urbanização no mundo nas últimas décadas, que afetou também o nosso país. A imigração do mundo rural para o mundo urbano no Brasil significou uma mudança radical no modo de vida de um imenso contingente de brasileiros. Isso não poderia ter acontecido de forma indolor: foi traumático e as consequências difíceis e complexas dessa transição ainda marcam a cena do país. No que consiste essa mudança radical e quais seus impactos?

Primeiro, precisamos perceber que o modo de vida rural e urbano se contrastam fundamentalmente. No limite, podemos dizer que o ser humano rural se constrói diferentemente do ser humano urbano. Muito longe da superfície, as diferenças de vida são profundas e significam quadros de vida geográficos e temporais bem distintos.

Nesse momento, vamos explorar as diferenças essenciais entre o modo de vida rural, o que poderia ser definido como **ruralidade**, e o modo de vida urbano, com sua condição de **urbanidade**. Será possível apreender um fenômeno cada vez mais presente no mundo: o processo de desruralização. Tal conceito aponta para o fato de que a migração, anteriormente realizada do campo para a cidade, atualmente acontece também no sentido oposto, isto é, abrange uma incomum urbanização do campo, que vai perdendo suas características peculiares, rurais, dia após dia.

Sobre a cidade: conceitos e fundamentos essenciais

Quadro 1.1 – Mundo rural, mundo urbano e campo modernizado

Dimensão	Características do mundo rural tradicional	Características do mundo urbano	Características do campo modernizado (ou urbanizado)
Atividades Econômicas	Diretamente ligadas à agricultura e à agropecuária. Praticamente a totalidade dos habitantes se dedica a elas.	Múltiplas: indústria e serviços diversos se desenvolvem e são criados a todo momento.	Ainda há predominância da agropecuária; porém, para além da produção e da criação, avançou-se para o processamento industrial dos bens agrícolas, como a produção de álcool.
Natureza	Força produtiva fundamental nesse mundo. O que dita o calendário (temporalidade) e os ritmos de produção são os ciclos naturais. A essa força produtiva o ser humano acrescenta trabalho.	Não há uma força produtiva no mundo urbano. Seus ritmos e temporalidades contam pouco diante de um tempo inteiramente humano.	Com a tecnologia, a dependência da natureza diminuiu significativamente. Os ritmos do trabalho e suas temporalidades são cada vez mais humanos, como no mundo urbano.
Demografia	Populações dispersas no espaço, com densidades demográficas mais baixas que no contexto urbano. A exigência de terrenos para a produção não permite grandes concentrações.	Populações concentradas espacialmente; alta densidade demográfica.	Populações mais e mais dispersas. Densidades demográficas mais baixas que no contexto rural tradicional. Diminuição do trabalho humano direto.

(continua)

Teologia das cidades

Dimensão	Características do mundo rural tradicional	Características do mundo urbano	Características do campo modernizado (ou urbanizado)
Estrutura social	As comunidades rurais tendem a ser, quanto às suas origens étnicas e culturais, bem mais homogêneas que as populações urbanas.	Uma sociedade marcada pela diversidade quanto às origens étnicas e culturais.	Uma sociedade marcada pela diversidade quanto às origens étnicas e culturais. Muitos trabalhadores do campo moram nas cidades, tornando praticamente indistinta a diferença entre homem rural e homem urbano.
Mobilidade social	A perspectiva do homem rural em termos de mudança de classe e *status* social é inexistente. O homem rural, nessa situação, nasce camponês e morre camponês, assim como seus ascendentes e descendentes.	Grande possibilidade de mudança; múltiplas atividades econômicas significam várias profissões e também possibilidades de ascensão social, de troca de classe social.	A modernização favorece a mobilidade social no campo, com várias novas profissões técnicas (operários das usinas de álcool, de suco de laranja, de óleo de soja, técnicos de informática, operadores de máquinas sofisticadas etc.), necessárias para mover uma agropecuária com alto conteúdo técnico-científico. Novas classes sociais.
Interações sociais	O número de pessoas e de recursos sociais com o qual o homem rural se relaciona é necessariamente pequeno ao longo de sua vida. As territorialidades do homem rural são mais estreitas e limitadas se comparadas como o modo de vida urbano.	O número de pessoas e de recursos sociais com o qual o homem urbano se relaciona é imenso. As territorialidades do homem urbano são amplas num mundo de conexões.	O homem do campo moderno mora nas cidades e está conectado a territorialidades maiores. Quando habita o campo, está conectado de várias formas, longe de certo isolamento geográfico em que vivia o homem rural.

Fonte: Adaptado de Oliva; Giansanti, 1999.

Com esse comparativo, podemos perceber que a desruralização do Brasil é bem caracterizada, envolvendo questões sociais, econômicas, políticas, entre outros aspectos. Algumas questões, no entanto, merecem nossa atenção especial:

- O que pode ser encontrado nesses três quadros que explica a intensiva migração campo-cidade ocorrida no Brasil nos últimos 50 anos (em 1960, dos 70 milhões de brasileiros, mais da metade viviam uma vida rural tradicional; hoje menos de ¼ da população, que atualmente supera os 200 milhões, vive dessa forma)? Qual terá sido o peso da tecnologização das atividades econômicas?
- O que pode ser encontrado nos quadros que justifica falarmos em urbanização do campo? Por acaso as inovações teriam alterado as territorialidades e as temporalidades do homem do campo moderno?

Para saber mais
Se você quiser saber mais sobre o assunto de que estamos tratando, recomendamos o livro de Jaime Oliva e Roberto Giansanti:

OLIVA, J.; GIANSANTI, R. **Temas da Geografia do Brasil**. São Paulo: Atual, 1999.

1.2.5 A religião, a história das cidades e as transições

Talvez o leitor esteja se perguntando: "O que tudo isso tem a ver comigo?"; ou ainda: "Por que estudar a história das cidades e a transição entre o campo e o espaço urbano é importante para um estudo teológico?". Tal pergunta é pertinente! De fato, inicialmente parece que tais assuntos são irrelevantes e distantes daquilo que propomos estudar em Teologia. Ledo engano!

Como já vimos, as cidades foram palco de um processo de construção por meio de uma lógica marcada. A cidade era estratégica para comerciantes e para pessoas que queriam morar próximas umas das outras e foi se erguendo por meio de processos que estabeleceram uma forma única de ser. Todos nós sabemos que as instituições mais importantes na construção da cidade de algumas décadas atrás são: a prefeitura (com todo o poder que o prefeito recebe para governar), a delegacia (com a figura de um delegado que é a "lei da cidade") e a igreja (católica ou, em alguns raros casos, protestante), simbolizada pela presença do pároco (que, da mesma forma, exercia muita influência na vida daqueles que moravam em determinada região).

Figura 1.6 – Inauguração da Igreja Matriz São Paulo Apóstolo, Blumenau/SC

Fonte: Rothbarth, 2012.

Afora essas instituições, outras de menor importância também constituíam a lógica da vida nas cidades, como comércio, escolas, entre outras. A instituição que mais representava esse poder estava,

Sobre a cidade: conceitos e fundamentos essenciais

na maioria das vezes, na melhor praça da cidade. Era a construção mais alta, com uma torre que chamava a atenção de todos. A igreja conquistou espaços e o direito de ser reconhecida pelas pessoas. A palavra final, normalmente, era do pároco. Uma cidade sem igreja não era uma cidade. Aliás, a igreja sempre estava lá, às vezes antes mesmo da formalização do lugarejo como um distrito ou município. Nesse sentido, no campo, a igreja/religião representava o centro da vida local.

O processo de migração do campo para as grandes cidades afetou profundamente vários aspectos relacionados a esse quadro: as próprias instituições, que, apesar de continuarem a ter certa importância, ficaram um pouco mais distantes da vida dos citadinos; as pessoas, também, passaram a viver de uma forma diferente, já que a lógica na cidade é "trabalho e diversão"; e, obviamente, a própria cidade, ao crescer, tomou outras formas, e sua infraestrutura é fundamental para a vida das pessoas.

Ruas movimentadas, com tráfego intenso de veículos (substituindo as carroças e animais no transporte); grandes prédios, onde se oferece moradia às pessoas; e trabalho todos os dias com turnos que completam 24 horas; comércio crescente, cinemas, diversão, restaurantes/lanchonetes, TV a cabo, moda; enfim, são tantas coisas que a vida na cidade passa por uma transformação constante e todo mundo quer morar nesse espaço. A religião, em meio a isso tudo, começa a ser colocada em segundo, terceiro ou sabe-se lá em qual plano na vida das pessoas. As prioridades são outras. É necessário trabalhar, conquistar, viver, crescer, construir, fazer etc. Os valores e os padrões, antes regidos pela religião, estão agora sem rumo; tudo o que antes era normatizado é desestabilizado, o que interfere diretamente nos relacionamentos humanos, sociais e espirituais.

Teologia das cidades

Os sentimentos mais genuinamente humanos logo se desumanizam na cidade.

Fonte: Queirós, 2015.

A lógica da vida nas cidades pós-migração, ou até mesmo num campo modernizado, muda totalmente. A religião e a fé são coisas menos importantes. Conceitos próprios de cada indivíduo, incorporados pela experiência de vida nas grandes cidades, influenciam significativamente a vida de todos. Estamos num mundo pós-moderno! Nessa realidade, alguns conquistam o suposto sucesso, enquanto outros vivem na pobreza e são excluídos do acesso aos direitos básicos. É justamente dessa perspectiva que trataremos nos próximos capítulos.

Não há como negar, portanto, que a cidade se apresenta como a próxima fronteira missionária, desafiando-nos a entender toda a sua conjuntura para que o trabalho missionário seja verdadeiramente salutar e produza frutos. As cidades representam o grande desafio para as missões cristãs devido ao seu tamanho, à sua influência e às suas necessidades. Estamos falando da cidade que Deus ama e pela qual Cristo morreu. Essa é a cidade onde está a igreja de Cristo, e esse é o lugar onde ela é chamada para ministrar.

Texto complementar
O século das cidades
Clube das megalópoles cada vez mais é terceiro-mundista

Um milhão de pessoas a mais por semana. É esse o ritmo do crescimento das cidades do mundo. Em 1950, havia 86 cidades com mais de 1 milhão de habitantes; atualmente há 400. Naquele ano, Nova York era uma megacidade solitária no planeta; hoje há 25, dois terços delas concentrados nos países em desenvolvimento. Foram necessários 100 mil anos para que, em 2008, a população urbana – cerca de 3,4 bilhões – superasse a do campo. Mas em 2025 o percentual da população urbana já será de 61%, segundo projeções da Organização das Nações Unidas (ONU).

A parte mais vistosa desse processo de urbanização é a explosão das megacidades. Pela definição da ONU, as megalópoles têm mais de 10 milhões de habitantes em seus limites geográficos formais. Trata-se de uma voracidade que cria manchas urbanas que podem englobar dezenas de municípios. Nas últimas décadas, a conurbação de São Paulo a Campinas, por exemplo, foi tão intensa que criou a primeira macrometrópole do Hemisfério Sul, superando as previsões de que Lagos, na Nigéria, chegaria antes.

Nas próximas décadas, nada deverá frear o Terceiro Mundo como o maior gerador de megalópoles. A indiana Mumbai saltou do 14º lugar no *ranking* mundial em 1975 para o 4º em 2007 e será, em 2025, a 2ª megacidade da Terra, com 26,3 milhões de habitantes. No ano passado, Karachi, no Paquistão, entrou direto no 12º lugar, com 12,1 milhões; o mesmo ocorreu com Istambul, na Turquia, Lagos, na Nigéria, e Guangdong, na China. Já o clube das megacidades do Primeiro Mundo tende à estabilização. Em 1975, Paris era a 7ª mancha urbana do mundo, com 8,5 milhões de habitantes.

Em 2005, já tinha caído para a 21ª posição e em 2025 será a 23ª, com 10 milhões. Londres, megacidade do século 19, deixou o grupo, porque cresceu muito menos que as outras.

São Paulo está exatamente entre esses extremos. No passado, cresceu desmesuradamente em meio a dois choques de petróleo, à crise da dívida externa e à hiperinflação. Em 1975, já ocupava o 5º lugar no *ranking* de cidades mais populosas. Foram anos terríveis para o processo de urbanização. Em 1970, 1 em cada 100 paulistanos vivia em favelas, segundo dados da Prefeitura. Em 2005, os favelados eram 1 em cada 5 moradores da cidade. Os empregos de massa, o principal ímã de atração populacional, sumiram. A indústria, que gerava 40% dos postos de trabalho na capital em 1980, teve sua participação encolhida para 15% em 2004 e a tendência continua a ser de queda.

O modelo de urbanização (ou a falta dele), com o inchaço das periferias, obrigou São Paulo a conviver com problemas gigantescos. Morar longe do trabalho, e sem contar com transporte eficiente, cria um trânsito infernal, que insulta a ideia de cidade organizada. A oferta de água segue perigosamente limitada. A poluição lança seguidas advertências. A violência, apesar de ter despencado, ainda assusta a população e a elite dos negócios. A Grande São Paulo, como outras regiões metropolitanas de porte, é o "lugar geométrico dos problemas", define José Serra, "o espaço sobre o qual convergem com intensidade máxima desemprego, poluição, trânsito, violência, déficits de transporte público, saneamento, saúde e ensino básico de qualidade". Há soluções à vista, mas elas dependem da atração de capital privado e externo: pelo menos R$ 176 bilhões seriam necessários para resolver os gargalos de infraestrutura só da capital.

A boa notícia é que São Paulo vem crescendo menos. Em 2025, quando o planeta das megacidades terá uma cara terceiro-mundista, ela estará no mesmo 5º lugar, com 21,4 milhões de habitantes.

Sobre a cidade: conceitos e fundamentos essenciais

••

Rio, Belo Horizonte, Recife e Porto Alegre seguem na mesma trilha e registraram aumento demográfico menor que o da média nacional, de 1,6%, nos anos 1990. Pesquisa do Instituto de Estudos Avançados da Universidade de São Paulo indicou que só 38% dos novos moradores se instalaram nos grandes centros nessa década, ante os 60% registrados nos anos 1970 e 1980.

Além do crescimento demográfico menor, São Paulo mantém o poderio econômico. A migração das indústrias – característica das metrópoles do Primeiro Mundo, como Nova York, Londres, Frankfurt e Tóquio – ocorre porque as fábricas exigem terrenos grandes, e eles são mais baratos no interior. Mas o comando estratégico permanece na cidade, onde há tecnologia e mão de obra especializada. Cerca de 90% das atividades industriais do estado ainda estão no quadrilátero Grande São Paulo, Campinas, São José dos Campos e Baixada Santista. É uma expansão absolutamente natural.

Nos últimos 30 anos, a megacidade venceu a disputa com Buenos Aires e Rio de Janeiro e se tornou a cidade global por excelência na América do Sul. Reúne qualidades que tornam metrópoles referências para a elite dos negócios internacionais: é o grande centro financeiro do continente, a principal conexão da malha aérea do País, tem excelente oferta de assistência médica, é cercada por universidades e polos de pesquisas e desenvolveu uma ampla estrutura de telecomunicações e serviços de apoio a negócios. São Paulo venceu porque foi melhor e as concorrentes fracassaram. Buenos Aires foi tragada pela crise econômica argentina e o Rio, pela imagem negativa do crime organizado. A consagração da hegemonia foi a transferência das negociações com ações da Bolsa do Rio para a de São Paulo, em 2000.

••

Teologia das cidades

Concebido para discutir soluções para as megacidades, o Urban Age estudou os casos de Nova York, Londres, Cidade do México, Mumbai, Xangai, Berlim e Johannesburgo. Os especialistas da LSE já vêm a São Paulo desde 2005. Conheceram favelas (Paraisópolis e Heliópolis, zona sul), a periferia (Cidade Tiradentes, zona leste) e cidades da região metropolitana (Osasco e Guarulhos). Gostaram do que viram, segundo Maria Helena Gasparian, assessora de Relações Internacionais do governo estadual. "Eles se entusiasmaram com alguns aspectos da vida em São Paulo, como as políticas de reurbanização de favelas e a oferta de alimentos de qualidade por toda a cidade, mesmo em feiras livres e açougues da periferia", conta. "Disseram que costumamos exagerar os defeitos de São Paulo, mas somos *experts* em manter nossos sucessos em segredo".

Outro motivo de otimismo em relação ao futuro não diz respeito só a São Paulo, mas a todas as megalópoles. De vilãs ambientais, elas agora são vistas como aliadas na luta pela sustentabilidade, por concentrar uma população que, dispersa, disputaria espaço com a biodiversidade na natureza. "Boas cidades são parte da solução", diz o brasileiro Oliver Hillel, coordenador do programa de Biodiversidade e Cidades da Convenção sobre Diversidade Biológica das Nações Unidas. Para ele, ter uma São Paulo na Amazônia facilitaria a preservação da floresta. "Do ponto de vista do uso dos recursos naturais, é melhor ter uma cidade com 10 milhões de habitantes do que dez com 1 milhão."

Fonte: Adaptado de Diálogos políticos, 2011.

Sobre a cidade: conceitos e fundamentos essenciais

Atividades de autoavaliação

1. Biblicamente falando, você acha importante pesquisar o desenvolvimento da sua cidade para que seja possível fazer um projeto ministerial relevante?

2. Qual a importância de desenvolver várias percepções, por meio da interdisciplinaridade, com o intuito de conhecer a realidade urbana?

3. Você acha que o êxodo rural e a urbanização interferem na ação da igreja?

4. A mudança da lógica da vida no campo para a vida nas cidades altera, de alguma forma, a missão da igreja?

5. Qual a principal característica da sua cidade e como isso tem relação com sua igreja?

6. Quais são as características das grandes cidades com as quais a igreja deve se preocupar?

Anotações

capítulo dois

Pressupostos para entender a cidade I: a vida na pós-modernidade

E não vos conformeis com este século, mas transformai-vos pela renovação da vossa mente, para que experimenteis qual seja a boa, agradável e perfeita vontade de Deus. (Bíblia de estudo ARA, 2006. Romanos, 12: 2)

Lembre disto: nos últimos dias haverá tempos difíceis. Pois muitos serão egoístas, avarentos, orgulhosos, vaidosos, xingadores, ingratos, desobedientes aos seus pais e não terão respeito pela religião. Não terão amor pelos outros e serão duros, caluniadores, incapazes de se controlarem, violentos e inimigos do bem. Serão traidores, atrevidos e cheios de orgulho. Amarão mais os prazeres do que a Deus; parecerão ser seguidores da nossa religião, mas com suas ações negarão o verdadeiro poder dela. (Bíblia de estudo NTLH, 2005. II Timóteo, 3: 1-5)

As cidades surgiram, cresceram e mudaram. A migração de áreas rurais para áreas urbanas transformou não só os aspectos estruturais das cidades (ruas movimentadas, tráfego intenso de veículos, arranha-céus etc.), mas foram alteradas também as concepções sociais e filosóficas das pessoas. Estamos vivenciando a era chamada de **pós-modernidade**. Uma das características que evidenciam essa era é justamente a falta de pressupostos absolutos, corretos, verdadeiros; é, portanto, difícil encontrar consenso nas definições e nos conceitos. O pós-modernismo, *a priori*, desconstrói o que foi construído. De fato, temos de concordar que existem consequências positivas que surgiram desses tempos; em outros casos, no entanto, a pós-modernidade apresenta um grande desafio à igreja e à teologia.

Figura 2.1 – O homem hipermoderno

Fonte: Botelho, 2009.

A partir das reflexões de Paulo na citação do início deste capítulo, tanto para a igreja de Roma quanto para o pastor Timóteo, temos sérias advertências de que esses tempos seriam difíceis, de que as ações das pessoas seriam voltadas para si mesmas, que elas desprezariam Deus para realizar aquilo que desejam os seus corações. De fato, de modo bastante significativo, tal concepção tem adentrado em nossas igrejas, alterando nossa visão de Deus, do Reino de Deus e do servir a Deus. Portanto, uma reflexão cuidadosa sobre esse assunto deve fazer parte do labor teológico daquele que serve a Deus nas cidades. Nada evidencia mais a pós-modernidade do que a forma como as pessoas vivem atualmente nos centros urbanos.

A história da influência da pós-modernidade nas cidades da Europa evidencia o sofrimento da igreja, causado pelo enfraquecimento da doutrina e da prática cristã. Portanto, mais do que nunca, estudar a pós-modernidade é necessário para que possamos evitar que os mesmos estragos aconteçam da igreja brasileira. Será preciso constatar, no entanto, que algumas práticas já estão entre nós.

2.1 Modernidade e pós-modernidade: história, transição e definições fundamentais

A cada dois ou três séculos ocorrem significativas transformações históricas. Cada período faz com que a sociedade se reorganize de modo a se adaptar às mudanças e para que todos consigam viver plenamente, mediante a revisão de valores, conceitos, modos de vida etc. Nesta obra, não há espaço para detalharmos cada período de desenvolvimento do pensamento sociológico e filosófico até os tempos da pós-modernidade. Porém, antes de analisarmos com maior

profundidade as questões mais pertinentes à pós-modernidade, é necessário voltarmos um pouco na história, ao período definido como **modernidade**.

A modernidade é entendida como um período ou condição largamente identificado com a Revolução Industrial e com a crença no progresso e nos ideais do Iluminismo. Assim, "por Modernidade, entendemos todos os fenômenos sociais que aconteceram decorrentes do acesso das pessoas aos avanços da ciência e tecnologia; bem como pela rápida urbanização e proliferação de informações e cultura" (Gondim, 1996, p. 9). Dito de outra forma,

> *Modernidade é uma terminologia que define um sistema oriundo das forças da modernização e desenvolvimento, centrado, sobretudo na premissa que toda causa "de cima para baixo" vinda de Deus ou do sobrenatural foi substituída definitivamente por causas "de baixo para cima", frutos dos desígnios e produtividade humana.* (Guinness; Seel, 1992, p. 160)

Apesar de nosso foco ser a pós-modernidade, analisar os pressupostos de um período anterior (ou de períodos mais longínquos, desde a Idade Média, por exemplo) é tarefa necessária para entendermos a realidade atual das cidades. Das definições anteriores, alguns termos merecem ser destacados:

- avanço da ciência e da tecnologia;
- rápida urbanização;
- maior acesso à informação;
- desenvolvimento;
- afastamento de Deus da vida das pessoas;
- autossuficiência humana.

Perceba o quanto essas características têm a ver com a realidade atual. Podemos dizer, portanto, que o período da modernidade estabeleceu as bases para o advento da *pós-modernidade*. Para alguns teóricos, como Lyotard (2008), por exemplo, a modernidade acabou no fim do século XX; tem início, então, um período subsequente definido como *pós-modernidade*. No entanto, outros teóricos, como Giddens (1990), usam ainda o termo *modernidade* para explicar o desenvolvimento evidenciado pela pós-modernidade.

De fato, é na modernidade que se abre caminho para as concepções que permeiam a época em que vivemos. Em tudo, destaca-se a autossuficiência humana: o ser humano é quase um super-homem e Deus está morto, como apregoava Friedrich W. Nietzsche, nascido em 1844, o mais famoso filósofo existencialista moderno. Esse pensamento influenciou muitas pessoas no século XX.

2.1.1 O que é pós-modernidade?

Desde os anos 1950, estamos vivendo um período de transformações na história, tanto em relação ao pensamento quanto à tecnologia, nunca vistas anteriormente. Concomitantemente, a rapidez significativa dos avanços tecnológicos na comunicação, nas artes, na indústria e na ciência ocasionou mudanças que quebraram os paradigmas do modo de viver e pensar a sociedade e suas instituições. Os conceitos sobre o ser humano, que já tinham passado por sérias mudanças na modernidade, avançam na pós-modernidade. Tudo o que se entendia sobre o homem desde o século XV, na voz principalmente da religião e da filosofia, e que se estendeu até o século XVII começa a ruir. As críticas apontam para novos padrões de valores, menos fundamentalistas, segundo dizem os pensadores.

Lyotard (2008), na obra *A condição pós-moderna*, define *pós--modernidade* como um efeito da morte das "grandes narrativas" totalizantes, como aquelas fundadas na crença no progresso e nos

ideais iluministas de igualdade, liberdade e fraternidade. Portanto, a realidade pós-moderna caracteriza-se pelo fim das metanarrativas. Os amplos esquemas explicativos teriam caído em descrédito e não haveria mais "garantias", posto que mesmo a ciência já não poderia ser considerada como a fonte da verdade; ou seja, nada é plenamente verdadeiro.

Para saber mais

Para muitos teóricos, filósofos e sociólogos, a época atual é marcada por fenômenos que representam um divisor de águas com a modernidade. Chamada e estudada como *pós-modernidade*, ela é caracterizada por mudanças significativas provocadas e vividas pelo homem. Entre as mais evidentes, e que desencadearam muitas outras, pode-se apontar a globalização, unificadora das sociedades do planeta e geradora de um novo modo de cultura e de novas condições, que põe em perigo a continuidade da espécie humana. A pós-modernidade surgiu com a desconstrução de princípios, conceitos e sistemas construídos na modernidade, desfazendo todas as amarras da rigidez que foi imposta ao homem moderno. Com isso, os três valores supremos – o **Fim**, representado por Deus, a **Unidade**, simbolizada pelo conhecimento científico, e a **Verdade**, como conceitos universais e eternos –, já proclamados por Nietzsche no fim do século XIX, entraram em decadência acelerada na pós-modernidade. Por conta disso, para a maioria dos autores, a pós-modernidade é definida como a época das incertezas, das fragmentações, da troca de valores, do vazio, do niilismo, da deserção, do imediatismo, da efemeridade, do hedonismo, da substituição da ética pela estética, do narcisismo, da apatia, do consumo de sensações e do fim dos grandes discursos (Adaptado de Moraes, 2004).

Para saber mais, recomendamos o seguinte artigo: MORAES, J. M. Pós-modernidade: uma luz que para uns brilha e para outros ofusca no fim do túnel. **Revista Veiga Mais**, Rio de Janeiro, ano 3, n. 5, 2004. Disponível em: <http://www.angelfire.com/sk/holgonsi/otimismopos-moderno.html>. Acesso em: 16 nov. 2015.

....

Em uma obra que discute a relação entre pós-modernismo, razão e religião, Gellner (1992, p. 53) diz o seguinte:

> *O pós-modernismo é um movimento contemporâneo. É forte e está na moda. E, sobretudo, não é completamente claro o que diabo ele é. Na verdade, a claridade não se encontra entre os seus principais atributos. Ele não apenas falha em praticar a claridade mas em ocasiões até a repudia abertamente... A influência do movimento pode ser discernida na Antropologia, nos estudos literários, filosofia... As noções de que tudo é um "texto", que o material básico de textos, sociedades e quase tudo é significado, que significados estão aí para serem descodificados ou "desconstruídos", que a noção de realidade objetiva é suspeita – tudo isto parece ser parte da atmosfera, ou nevoeiro, no qual o pós-modernismo floresce, ou que o pós-modernismo ajuda a espalhar. O pós-modernismo parece ser claramente favorável ao relativismo, tanto quanto ele é capaz de claridade alguma, e hostil à ideia de uma verdade única, exclusiva, objetiva, externa ou transcendente. A verdade é elusiva, polimorfa, íntima, subjetiva... e provavelmente algumas outras coisas também.*

Como se percebe, o pós-modernismo passa a influenciar a tudo e a todos. O início de seus ideais se deu nas artes, logo após o término do período moderno. No entanto, ao longo das últimas décadas, ele contagiou a arquitetura, a computação, a filosofia, a cultura (ocidental, principalmente), a moda, o cinema, a música, a ciência, a tecnologia, a alimentação, interferindo na vida cotidiana nas cidades, invadindo-a.

Tudo o que a humanidade entendia como certo e lógico rompeu-se na era pós-moderna. Todos os aspectos descritos anteriormente sofreram significativas mudanças de conceito, valor e interpretação. A religião, da mesma forma, não fugiu a essa realidade. Se para a modernidade Deus tinha morrido, na pós-modernidade ele não faz a menor diferença. Para os pós-modernos, Deus não precisa estar morto, afinal, se Ele existe, ninguém está preocupado com Ele. Por isso, importa-nos entender um pouco mais as características desses tempos para que, posteriormente, possamos entender como esses pressupostos interferem na religiosidade das pessoas pós-modernas que habitam as cidades.

2.2 Características da pós-modernidade

Considerando as definições já delineadas, assume-se, então, que o pós-modernismo se distingue por conceitos relativistas e por uma invasão de informações. Nesse ponto, vale a pena uma boa reflexão, visto que são exatamente essas características que rodeiam a igreja e a prática teológica, apresentando sérios perigos. Você perceberá que, muitas vezes, tais conceitos já estão enraizados na sociedade, na cidade e, talvez, em você mesmo ou na igreja evangélica brasileira.

A noção de pós-modernidade reúne uma rede de conceitos e modelos de pensamento centrados no "pós", dentre os quais podemos elencar alguns: sociedade pós-industrial, pós-estruturalismo, pós-fordismo, pós-comunismo, pós-marxismo, pós-hierárquico,

Pressupostos para entender a cidade I: a vida na era pós-modernidade

pós-liberalismo, pós-imperialismo, pós-urbano, pós-capitalismo. A pós-modernidade coloca-se também em relação ao feminismo, à ecologia, ao ambiente, à religião, à planificação, ao espaço, ao *marketing*, à administração etc.

.... *frases* ....

> No campo urbano, a cidade é vendida aos pedaços porque nela há caos, (des)ordem: padrões de diferentes graus de complexidade: o efêmero, o fragmentário, o descontínuo, o caótico predomina.

....

Fonte: Cavalcante, 2015.

Nessa perspectiva, a busca pela modernização (ou melhor, pós-modernização) das nossas vidas na cidade fez com que nos tornássemos "portadores desses conceitos" como um ideal de viver melhor ou de "melhorar a igreja". Ouvi alguém dizer e guardei a frase: "vivemos numa época de normatização do absurdo". Vejamos algumas dessas características.

2.2.1 Secularismo

Segundo René Padilha (1992, p. 26), *secularismo* é:

> O conceito de que o mundo natural representa a totalidade da realidade e que, portanto, o único conhecimento possível seja o "científico". Fica descartada a existência de Deus como um ser transcendente que tem poder para atuar na história e na natureza. Tudo o que há ou acontece no universo pode ser explicado com base em leis de causa e efeito: o que não puder ser investigado por métodos empíricos não pode ser real.

Obviamente, cada sociedade expressa de uma forma específica seus sintomas de secularização. No entanto, o que se percebe é que, em menor ou maior propensão, o secularismo já está presente no cotidiano das pessoas. Já é normal você ouvir de educadores, jornalistas, psicólogos e legisladores, entre tantos outros profissionais que passam por nossas vidas, que Deus não é tão importante assim como se pensava. Um dos mais renomados jornalistas no Brasil, com programas de rádio (uma grande rede de rádio de notícias) e TV (âncora de um importante telejornal) afirma, às vezes de forma pejorativa e preconceituosa, que não acredita em Deus. O desdém se apresenta justamente na hora de "noticiar" algo relacionado à fé das pessoas. Aliás, já é comum percebermos certa antipatia à religião em muitos meios da nossa sociedade.

Para além do secularismo provocado pelos ateus ou radicais que são contra a religião, temos um secularismo forjado no próprio ambiente cristão. Esses secularizados expressam um "desenvolvimento da religiosidade sem vínculos institucionais" e uma "forte disposição para mudança de religião". Novaes (2004), em uma pesquisa realizada com jovens brasileiros, afirma que o secularismo é o "espírito da época" que grassa em todas as camadas dentro e fora das comunidades religiosas.

Em vinte anos, a proporção de pessoas sem religião aumentou 70%, passando de 4,7% para 8%. Os dados do censo do IBGE (2010) demonstram que, entre 2000 e 2010, o aumento foi menos expressivo, indicando o seguinte:

- a parcela da população que declara não ter religião passou de 7,4% para 8%. São 15,3 milhões de brasileiros, de acordo com dados do Censo 2010 do IBGE.
- 5% desse total, ou seja, 740 mil pessoas se declaram "agnósticas ou ateias".

Pressupostos para entender a cidade I: a vida na era pós-modernidade

Essas informações reforçam que há muita gente que acredita em Deus, mas que não acredita mais na igreja, na instituição. As pessoas não querem mais acreditar, muito menos aceitar que líderes religiosos interfiram em suas vidas. As razões para tal realidade são variadas, mas podemos apontar dois aspectos fundamentais: ou a igreja (de forma generalizada) se perdeu em sua relevância e mensagem ou as pessoas querem buscar outros prazeres. Pode ser que as duas coisas estejam relacionadas. De fato, há uma ruptura entre a prática religiosa e a vida particular de cada um.

A religião passa a ser algo que o sujeito busca (em última hipótese) quando convém, esperando que não o incomode muito. A realidade que permeia a vida nas cidades pós-modernas aponta para outro tipo de padrão – os valores agora são regidos pelo senso comum, pela novela, pela lógica de mercado, pelos padrões de sucesso, ou seja, por qualquer coisa que não seja a religião.

2.2.2 Pluralismo

Uma das características do pós-modernismo é a sua capacidade de ser plural. *Eclético* é a palavra que define bem esse conceito. No pós-modernismo se misturam várias tendências e estilos sob o mesmo nome, já que, por natureza, ele é aberto, plural e muda de acordo com o que se deseja para o momento.

No pluralismo, tudo é verdade, tudo é bom. Jesus é só uma opção religiosa, mas existem muitas outras. Jesus, nessa perspectiva, não é a verdade. As opções são feitas na individualidade (veremos adiante) e devem ser respeitadas e aceitas como culturalmente válidas. Trata-se da afirmação de que se uma pessoa fez tal ou qual escolha, ninguém tem nada a ver com isso. Respeite-a! A sociedade plural afirma, categoricamente, que a sua escolha, independentemente de qual seja ela, deve ser respeitada. Falemos a verdade: quem nunca disse isso para outras pessoas? Respeitar para ser respeitado é norma vigente.

Com tal perspectiva se elimina a distinção de gêneros, abrindo espaços para discutir o conceito de família, relacionamento heterossexual e homossexual; afirma-se, também, que a mulher tem o direito de escolha de ter o filho ou abortá-lo e, até mesmo, prostituir o seu corpo sem maiores males, pois é seu direito, é sua escolha. Na pós-modernidade, o ideal é jamais opor-se perante o pensamento contrário. Assim sendo, você pode até declarar a sua verdade, desde que não se oponha à minha.

Na relação com a fé, já se apregoa por aí que Deus é o mesmo e que todos os caminhos levam a Ele: a escolha é individual. É o reconhecimento passivo da diversidade, como tentativa de boa convivência social. Segundo o pluralismo, Jesus não seria "a" verdade, mas apenas "uma" verdade. Outra forma dessa influência plural se dá por meio do sincretismo religioso, tão comum em nossos dias. Em outras palavras, escolho a religião que mais me serve no momento, como se estivesse escolhendo um produto no supermercado. Esses são alguns conceitos, mas existem muitos outros influenciados pelo pluralismo e que, de certa forma, mexem com a realidade da igreja cristã na sua mensagem.

frases

A verdade é Jesus e Jesus é a verdade. O dia em que a verdade não estiver com Jesus, fico com Jesus, pois a verdade é abstrata, mas Jesus é concreto.

Fonte: Dostoiévski, 2009.

2.2.3 Humanismo e hedonismo

O humanismo se resume em colocar o homem no centro de todas as coisas. Ele está no topo de qualquer escala de valores, no centro de todas as coisas e como finalidade para todas as causas. O mundo gira em torno da pessoa, ela não pode ser contrariada, ela precisa de tudo e de todos. O importante é o próprio ser e a sua satisfação, e é aí que o humanismo se aproxima do hedonismo, ou seja, o ser humano quer encontrar prazer em todas as coisas, no máximo possível. O homem procura sua imagem "comprando" discursos, para lhe proporcionar *status*, bom gosto, para que ele esteja em consonância com a moda, a aparência vigente; o narcisismo leva muitas vezes a extravagâncias, a partir da imitação de modelos exóticos. Ronaldo Lidório, citado por Gedeon Lidório (2008) faz um comentário pertinente nesse sentido:

> *Francis Shaeffer previa um tempo em que a aparência moral seria mais importante que os valores morais. Vivemos esta época hoje e podemos nitidamente percebê-la pelo rápido desenvolvimento do hedonismo em nosso meio. O ser humano nascido sob o sigma do hedonismo busca insaciavelmente sua própria felicidade; altruísmo passou a ser um termo vazio de significado e a integridade não expressa nenhum apelo pessoal.*

O humanismo é uma exigência social difusa em que o estabelecido é o "não estabelecimento" de nada que se imponha, que se exija, que se espere que não seja para o "eu". O ser humano secularizado tem no hedonismo a razão de sua existência, em constante busca por autossatisfação.

Na relação com a fé, hoje temos igrejas que se preocupam em fazer um culto para o ser humano e não para Deus. Segundo o humanismo, Cristo não seria mais o centro da vida, mas o próprio homem. O culto foi bom ou não? Essa pergunta é comum quando

se quer pesquisar o que a pessoa achou do culto. A igreja virou um supermercado, aonde a pessoa vai para buscar a sua bênção, a sua cura, a sua riqueza. Não importa mais a mensagem de carregar a cruz, mas sim exigir de Deus o que ele pode me dar para me fazer mais feliz, mais satisfeito, afinal, o culto é para mim e não para Deus. Infelizmente, essa é a realidade em nossos dias. Na evangelização, não se apresenta a necessidade de arrependimento, porque, afinal, todos somos pecadores. Em vez disso, a mensagem gira em torno da ideia de que esse mesmo ser é especial e tem valor.

2.2.4 Relativismo

Na pós-modernidade, outro conceito fundamental é o relativismo. Quem nunca ouviu a seguinte frase: "Isso é relativo", ou ainda "Isso é verdade para você e não para mim"? Os pós-modernistas riem de forma leviana de tudo o que é considerado "verdade". Há bem presente a ideia de ausência de valores, de vazio, de nada e, até mesmo, da falta de sentido para a vida. Não há uma verdade, pregam os pós-modernos. A verdade depende de cada um.

O pós-modernismo produz uma desordem fértil, sem preconceitos, sem hierarquias, na qual não há regras absolutas, rompendo as barreiras entre os gêneros. Tournier (2002, p. 32) resume bem essa perspectiva, ao afirmar que:

> *Assim como se pode pôr os valores "entre parênteses" e viver como se não existissem, também se pode adotar novos valores, fabricar os próprios valores e então a minha liberdade é o único fundamento dos valores e nada, absolutamente nada, justifica que eu adote um determinado valor, esta ou aquela escala de valores [...] E a minha liberdade me angustia por ser o fundamento sem fundamento dos valores.*

Na relação com a fé, mesmo que se acredite em verdades conceituais, não se exige como algo fundamental viver de acordo com esses princípios, ou seja, há um abismo que separa aquilo em que se acredita como referencial teórico e a prática diária. No relativismo, histórias bíblicas, como a criação, o dilúvio e a Torre de Babel não podem ser mais interpretadas como histórias verídicas, mas somente como ilustrações de cunho moral. Verdades eternas, como o céu e o inferno, não devem sequer ser mencionadas, pois não há espaço para tais crenças numa cultura relativista.

Parece ser ridículo defender verdades bíblicas, como: céu, inferno, salvação por meio de Jesus etc. Jesus não é "o" caminho, mas "um" caminho. Tudo é relativo, tudo depende.

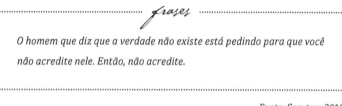

O homem que diz que a verdade não existe está pedindo para que você não acredite nele. Então, não acredite.

Fonte: Scruton, 2010.

2.2.5 Individualismo/privatização

O conceito de individualismo começa a aparecer já no modernismo, mas o seu exagero narcisista advém na pós-modernidade. De fato, trata-se de um princípio esvaziador, diluidor, que desfaz princípios, regras, valores, práticas e realidades, promovendo a falta de referência quanto à realidade e a falta de significado na coletividade e na comunidade em específico. No contexto atual, surge a família nuclear, pessoas isoladas em suas próprias casas. Aliás, já temos notícia de casamentos com cada um morando em sua própria casa, encontrando-se quando convém.

O individualismo e a privatização foram pensados por Gondim (1996, p.46):

Privatização significa liberdade, mas só na esfera privada. Ninguém se atreva a forçá-la no setor público, cada um na sua. Você crê em "Florais de Bach"? Pratica swing *com sua mulher? Fuma? É naturalista? Tudo bem, se lhe faz feliz. Restringindo isso à sua individualidade, não há qualquer dano à esfera pública. Pode sentir-se livre.*

Nessa perspectiva, a pós-modernidade ensina a pessoa a viver com máscaras, uma para cada lugar e contexto. Na relação com a fé, não há diferenciação entre religião, política, ideologias, família etc. – o individualista pós-moderno acredita na realização pessoal. Ele é senhor de si mesmo, ele faz as escolhas que achar melhor, sem ser questionado. O individualismo está gerando pessoas descomprometidas com o próximo e consigo mesmas. São pessoas que estão vivendo de forma desobrigada das questões morais e éticas. Elas se bastam, e não há ninguém ou nenhum parâmetro que possa basear suas escolhas.

2.2.6 Consumismo

Por ser uma expressão real do capitalismo, o consumismo se constitui como elemento fundamental da vida pós-moderna. Quem nunca ouviu a seguinte frase em comerciais de televisão massificados constantemente: "Só amanhã! Lembre-se, só amanhã". Ou seja, você tem que consumir hoje! Amanhã acaba! A promoção é pra hoje! Vai fechar? Para conquistar o "consumidor", os vendedores são treinados em diversas estratégias que visam apresentar o que o produto tem de melhor, sem ele você não pode viver, mesmo que seja um "martelo para desentortar banana". No pós-modernismo, o ser humano vive imerso num rio de testes permanentes, onde

Pressupostos para entender a cidade I: a vida na era pós-modernidade

a informação e a comunicação sublinham a impulsividade para o consumo.

O valor do pós-modernismo na economia foi "revelar" às pessoas a capacidade de consumo, para que elas aceitassem modos de vida e filosofias voltados para o "ter" e para o usufruto de bens e serviços, sempre com vistas ao presente e ao prazer. Os valores são muitos, as possibilidades são diversas para todas as pessoas, de diferentes gostos e vontades: a ideia pós-moderna é instituir às claras um mundo sem limites, voltado para o prazer do consumo.

Na relação com a fé, ocorre a mesma coisa. Há uma disputa de mercado entre as igrejas. Quem oferece o melhor produto (culto)? Quem tem o poder de abençoar, curar etc.? Qual igreja é a mais bonita? Mais moderna? Mais adequada? Qual igreja as pessoas querem "consumir"? O que se tem a oferecer por aí? Quem dá mais? Ou melhor, onde ganho mais? A igreja virou um *drive-thru*, onde o consumidor escolhe o melhor produto para dele usufruir. Tem de ser rápido e atender às necessidades de forma eficiente!

2.2.7 Pragmatismo

O pragmatismo existe desde muito antes da pós-modernidade – desde o século XIX, aproximadamente. Mas é em nosso tempo que esse conceito se estabelece de forma mais significativa. Nessa perspectiva, o sentido de uma ideia corresponde ao conjunto dos seus desdobramentos práticos, ou seja, se deu certo, se foi útil, então está tudo certo! Os fins justificam os meios. O sentido está na utilidade ou no efeito prático de como as coisas se desenvolveram.

Uma pessoa pós-moderna e pragmática se embasa na noção de que as ideias e as atitudes de qualquer um são corretas apenas na medida em que atendem à solução imediata de suas dificuldades. Nessa perspectiva, determina-se como verdade o conjunto de todas

as consequências práticas relativas a determinado contexto. Por exemplo: uma religião só é adequada quando tiver como implicação sujeitos mais dadivosos, pacíficos e felizes – a consequência prática é indicar como verdadeira a afirmação de que ela é boa.

A pergunta do pragmático é: "Isso funciona? Dá resultado?". Para o pragmatismo, o valor de uma ideia, de um método ou de um meio empregado está estritamente ligado ao alcance de resultados; o que importa é se funciona, se dá certo, se produz os efeitos e resultados desejados. Se é certo ou não, se é verdadeiro ou não, se é legal ou não, se é ético ou não, não interessa!

Na relação com a fé, o pragmatismo religioso usa o nome de Deus, linguagem religiosa e piedosa, para obter resultados. Se os meios empregados são corretos ou não, se a doutrina ensinada é bíblica ou não, se conta com a aprovação de Deus ou não, não interessa! O que interessa é se funciona; se atrai pessoas; se enche os templos; se traz resultados financeiros; se novos adeptos são arrebanhados.

2.2.8 Era da informação

No período pós-moderno, surgem as Tecnologias da Informação e do Conhecimento (TICs). Nessa perspectiva, da chamada *era da informação*, Rocha (1998) afirma que vivemos em um mundo formado por rápidas e profundas mudanças, mundo diferente, fruto da revolução tecnológica, do avanço das ciências, da comunicação, da informática, das surpreendentes descobertas no campo da cultura, da ciência, da política e da economia. É um tempo de sobrecarga de informação, mas de ausência de meditação.

No mundo pós-moderno, a informação e a comunicação representam o que há de melhor para o ser humano. As tecnologias expandiram e a circulação das mensagens foi acelerada, por meio de livros, jornais, cinema, rádio, TV. As pessoas hoje têm TVs à cabo, vários computadores (PCs, n*otebooks, smartphones, tablets* etc.). Os sujeitos pós-modernos vivem na era do ciberespaço, com muito tempo em contato com as informações da internet e passando um tempo considerável nas redes sociais. Assim, o mundo pode se comunicar sem fronteiras, tornando-se, aparentemente, cada vez menor por meio desses avanços. Qualquer fato do outro lado do mudo é comunicado em segundos para qualquer outro lugar do globo. Segundo Nery (2007, p. 97), as mudanças de caráter tecnológico "não se constituem enquanto tal apenas mudança das técnicas utilizadas, elas fomentam também modificação nos hábitos, nos costumes e ao mesmo tempo, nas formas de ver o mundo".

Quanto a esse período da pós-modernidade, no qual as pessoas estão sendo significativamente influenciadas por meios de comunicação e redes sociais, Moura (2007, p. 134) afirma que "essa nova realidade acontece em escala mundial e conecta todas as regiões e indivíduos do planeta por meio de redes digitais".

Na relação com a fé, percebe-se o quanto as redes sociais e a TV influenciam a vida da igreja. É comum ver o analfabetismo bíblico em certas postagens do facebook ou do twitter. As pessoas simplesmente repassam sem saber; estão seguindo a onda, copiando o que os outros fazem. Assim, configuram-se como pós-modernos, mesmo que não saibam o que estão falando ou repassando.

Há ainda as igrejas da TV. Lá tudo é muito bonito, a igreja está sempre cheia, não tem erro nenhum na liturgia. Ah, como eu queria que a minha igreja, pobrezinha, sem condições, fosse igual à igreja da TV! Nestes tempos, os cultos das TV são mais propagandas do que testemunhos. Gastam muito tempo afirmando o quanto a igreja é boa e se esquecem do que Jesus fez na cruz. A ideia central é o *marketing* religioso. O objetivo é conquistar as pessoas. A igreja é *show*, o evangelho é *pop*. Existem exceções, mas o *show* está crescendo cada dia mais!

2.3 A influência pós-moderna na teologia e na igreja

O IBGE (2010) apresenta dados alarmantes sobre os sem igreja. Cresce o número de ateus e o número dos que se frustram com a religião, seja ela qual for. Pode-se dizer que tal realidade é fruto da pós-modernidade e há verdade nisso. Mas há muito mais. Talvez seja resultado da pós-modernidade no ser humano, mas, também, das características da prática eclesiológica, que vem afastando as pessoas da igreja e colocando em descrédito a mensagem que pregamos.

Gondim (1996, p. 30) diz que "a pós-modernidade esvaziou a religião formal, mas não conseguiu matar a sede de espiritualidade das pessoas". Talvez seja por isso que percebemos uma busca desenfreada por todo tipo de religiosidade, com foco especial nas religiões orientais. Por vezes, há o sincretismo religioso, misturando Jesus com esoterismo, por exemplo. Essa busca, às vezes, pode ser narcisista, hedonista ou consumista, já que busca seus próprios interesses; ainda assim, reconheçamos que há essa sede espiritual.

A igreja cristã e a teologia, por vezes, estão sendo influenciadas por um cristianismo sem Cristo, sem cruz. É um cristianismo voltado para o humanismo, o pragmatismo, o pluralismo, e tantos outros "ismos" de que já falamos. Um excelente texto de Brissos Lino (2010) descreve o cristão pós-moderno nos seguintes termos:

> O cristão pós-moderno come. Come muito. É insaciável. Está sempre com comida de plástico na mão, pronto a deglutir. Come qualquer coisa desde que não lhe dê muito trabalho a mastigar. Aliás, ele não mastiga, apenas engole. E por isso passa ciclicamente por dores de estômago, que atribui a causas desconhecidas ou a um chato dum desmancha-prazeres a que chama diabo.

Pressupostos para entender a cidade I: a vida na era pós-modernidade

O cristão pós-moderno conhece todas as marcas de fast food e está sempre atento às campanhas publicitárias de novos produtos. Um novo hambúrguer, um novo donut, um novo cachorro-quente, uma nova cola ou refrigerante. Mas não é capaz de dar um copo de água a quem tem sede. Tudo sabe, tudo conhece. Não há novidade que lhe escape.

O cristão pós-moderno está gordo, tem peso a mais. É extremamente sedentário. Limita-se a receber calorias em excesso, mas quer sempre mais. Mais um livro, com uma nova revelação de quem acabou de descobrir a pólvora, mais um CD de louvor xpto, com canções iguais a milhentas outras que já conhece, mais um DVD com uma alta produção de quinhentos músicos em palco, mais uma pregação de uma estrela do universo tele-evangélico, pensada e encenada para impressionar.

O cristão pós-moderno domina as tecnologias da informação. Acessa aos blogues e sites dos famosos, segue-os no Twitter, está presente nas redes sociais, e pesquisa abundantemente na internet, sobre os mais variados assuntos, de preferência sobre escatologia e temas tão ou mais controversos do que este.

Esta overdose de informação dá-lhe bases para debitar uns soundbites sobre isto e aquilo, embora não consiga ter um pensamento estruturado, mas nada do que recebe tem qualquer impacte [sic] sobre o seu caráter e vida pessoal. O cristão pós-moderno julga-se perfeito nas formas, como o homem vitruviano. Porém, está doente, gordo, feio e nu. E não sabe.

Considerando esse cenário, ser cristão na pós-modernidade é um grande desafio. O contexto do "mundo" secularizado é mais complexo para a atuação da igreja do que outros contextos de missão; assim, é necessário empreender uma leitura cultural séria, utilizando-se de diversas ferramentas, como antropologia, sociologia, economia, psicologia, pesquisas geocensitárias, história, *marketing*, dentre outras, para estabelecer uma base de conhecimento do perfil das pessoas, bem como da história e da movimentação inter-religiosa, antes mesmo da desistência da religião.

As pressões da pós-modernidade na igreja são reais. Cabem algumas perguntas: A partir dessa análise, nossas igrejas estão crescendo ou estão inchando? As igrejas estão pregando uma mensagem voltada para Cristo ou estão em torno de si mesmas, procurando se adaptar a este mundo? Não estamos falando da necessidade de contextualizar certas práticas. Contextualiza-se sempre, sem perder a essência da mensagem bíblica.

É importante refletir sobre qual teologia queremos para as pessoas que moram nas nossas cidades e frequentam as nossas igrejas.

Acredito que essas "tendências" não são novidades. Por isso, tomemos cuidado com a influência da pós-modernidade na igreja cristã. O texto de Paulo é atual e serve para nossa prática teológica: "E não vos conformeis com este mundo, mas transformai-vos pela renovação da vossa mente, para que experimenteis qual seja a boa, agradável, e perfeita vontade de Deus." (Bíblia de estudo NTHL, 2005. Romanos, 12: 2).

Texto complementar 1

O conceito de pós-modernidade na sociedade atual

As características da pós-modernidade podem ser resumidas em alguns pontos: propensão a se deixar dominar pela imaginação das mídias eletrônicas; colonização do seu universo pelos mercados (econômico, político, cultural e social); celebração do consumo como expressão pessoal; pluralidade cultural; polarização social devido aos distanciamentos acrescidos pelos rendimentos; falências das metanarrativas emancipadoras como aquelas propostas pela Revolução Francesa: liberdade, igualdade e fraternidade.

Pressupostos para entender a cidade I: a vida na era pós-modernidade

••

A pós-modernidade recobre todos esses fenômenos, conduzindo, em um único e mesmo movimento, à lógica cultural que valoriza o relativismo e a (in)diferença, a um conjunto de processos intelectuais flutuantes e indeterminados e a uma configuração de traços sociais que significaria a erupção de um movimento de descontinuidade da condição moderna: mudanças dos sistemas produtivos e crise do trabalho, eclipse da historicidade, crise do individualismo e onipresença da cultura narcisista de massa.

Em outras palavras: a pós-modernidade tem predomínio do instantâneo, da perda de fronteiras, gerando a ideia de que o mundo está cada vez menor por meio do avanço da tecnologia. Estamos diante de um mundo virtual, imagem, som e texto em uma velocidade instantânea.

No campo urbano, a cidade é vendida aos pedaços porque nela há caos, (des)ordem: padrões de diferentes graus de complexidade: o efêmero, o fragmentário, o descontínuo, o caótico predomina.

Mudam-se valores: é o novo, o fugidio, o efêmero, o fulgaz, o individualismo que valem. A aceleração transforma o consumo numa rapidez nunca vivenciada: tudo é descartável (desde copos a maridos/esposas). A publicidade manipula desejos, promove a sedução, cria novas imagens e signos, eventos como espetáculos, valorizando o que a mídia dá ao transitório da vida. As telecomunicações possibilitam imagens vistas em todas as partes do planeta, facilitando a mercadificação de coisas e gostos. A informatização, o computador, o caixa-rápido 24 horas, a telemática são compulsivamente disseminadas. As lutas mudam: agora não é contra o patrão, mas contra a falta deles. Os pobres só dizem presente nos acontecimentos de massa, lugar de deslocamento das energias de revolta.
••

Testemunhas da pós-modernidade são o DVD, o CD, o MP3, a clonagem, o implante de órgão, próteses e órgãos artificiais engendram uma geração de seres em estados artificiais que colocam em xeque a originalidade ou naturalidade do humano.

As invenções tecnológicas decodificadas, como o computador, o relógio digital, o telefone celular, as secretárias eletrônicas, o vídeo, os satélites, as redes de internet (sistema http:// e www.), os códigos de barras, os cartões magnéticos multicoloridos que alimentam sonhos da era digital.

Modelos geram replicantes. As pichações viram grafites. O corpo enxuto é exaltado pela TV e por revistas. Juízos de autoridade ou defesa, na ausência de visão pessoal, são expressos em conceitos opacos, como: vanguarda atual, avançado, progressista, elitista, popular, conservador, moderno, pós-moderno. Como o corpo enxuto, a garganta, os pulmões, a glote, os dentes, a língua, as cavidades bucal e nasal devem produzir um único significado num único sentido: ser STAR.

Os *shoppings*, os condomínios e novos prédios são cápsulas autônomas de vivência. Tudo é *performance*: os motoristas transformam-se em pilotos; a voz dos locutores das rádios FM é igual em todas as estações. Vale o extraforte, o superdoce, o minúsculo, o gigantesco. Vale o novo: um novo produto mais eficaz, um novo alimento mais saudável; uma nova TV mais interativa. Vale o extra, o super, o superextra, o macro.

Fantasmas e desvios nos rodeiam: no corpo – a doença (Aids); na mente – a loucura; na natureza – a catástrofe; na economia – a queda das bolsas; na paixão – a morte; no orgasmo – o desprazer; no computador – o vírus.

As informações e a preocupação com a saúde da natureza são colocadas em xeque ou em cheque; no Brasil já existe uma nova indústria parecida com a da seca. É a "Indústria do meio ambiente", recursos destinados à proteção das florestas, dos rios e dos animais são desviados pelo poder público, pelas ONGs e pelos organismos privados.

Pressupostos para entender a cidade I: a vida na era pós-modernidade

••

As senhas, para entendimento da pós-modernidade, são: a saturação, a sedução, o simulacro, o *soft*, o *light*, a globalização, a automação, a fragmentação, o *chip*. Os modelos são Michael Jackson e Madonna, que qualquer dia destes farão um grande *show* para ajudar crianças famintas da África; que gravarão um disco, com numerosos colegas, para ajudar os "americanos a salvarem" refugiados de algum país latino-americano. Como assinala *Otávio Lanni:* "Ao lado da montagem, colagem, bricolagem, simulação e virtualidade", muitas vezes combinando tudo isso, a mídia parece priorizar o espetáculo videoclipe. Tanto é assim que guerras (como a do Iraque) e genocídios parecem festivais *pop*, departamentos do *shopping center* global, cenas da Disneylândia mundial. Os mais graves e dramáticos acontecimentos da vida de indivíduos e coletividades aparecem, em geral, como um videoclipe eletrônico informático, desterritorializado, entretenimento em todo o mundo.

Estamos vivendo um momento de fenômenos insólitos. Tudo se passa como se o futuro tivesse se tornado um lugar vazio. O procedimento pós-moderno é antes uma paixão do "tecer das alteridades" enquanto estamos diante da TV, bebendo um refrigerante Coca-cola, mastigando um McDonald's feliz ou experimentando um biscoito Nestlé, sem (des)entendimentos da Nova Ordem Mundial, nova sociedade ou sociedade de consumo.

••

Fonte: Adaptado de Cavalcante, 2015.

Texto complementar 2

Seis tendências do cristianismo nos Estados Unidos

O instituto Barna Group publicou há poucos dias o resumo das principais pesquisas realizadas pela instituição nos Estados Unidos durante o ano de 2010. O resultado fornece um retrato de como o ambiente religioso nos Estados Unidos está se transformando em algo novo e também perigoso.

A matéria fornece seis tendências principais. Vejamos:

1. A Igreja Cristã está se tornando menos alfabetizada teologicamente

As pesquisas apontaram que o que costumavam ser verdades básicas e universalmente conhecidas sobre o cristianismo são agora mistérios desconhecidos para uma grande e crescente parte de norte-americanos. Os estudos revelaram que, enquanto a maioria das pessoas consideram a Páscoa como um feriado religioso, apenas uma minoria de adultos a associam com a ressurreição de Jesus Cristo. Outros exemplos, relata a matéria, incluem a constatação de que poucos adultos acreditam que sua fé é para ser o ponto focal de sua vida ou ser integrada em todos os aspectos da sua existência. Além disso, uma crescente maioria acredita que o Espírito Santo é um símbolo da presença de Deus ou do poder, mas não é uma entidade viva. A teologia livre para todos que está invadindo as igrejas protestantes em todo o país sugere que a próxima década será um momento de diversidade teológica incomparável e inconsistência.

Pressupostos para entender a cidade I: a vida na era pós-modernidade

2. Os cristãos estão se tornando mais isolados dos não cristãos

Os cristãos estão cada vez mais espiritualmente isolados dos não cristãos do que era há uma década. Exemplos dessa tendência incluem o fato de que menos de um terço dos cristãos tem convidado qualquer pessoa para se juntar a eles em um evento da igreja durante a época da Páscoa. Os adolescentes são menos inclinados a discutir o cristianismo com seus amigos do que acontecia no passado.

3. Um número crescente de pessoas estão menos interessadas em princípios espirituais e desejosos de aprender mais soluções pragmáticas para a vida.

Quando perguntado o que mais importa, os adolescentes norte-americanos disseram priorizar educação, carreira, amizades e viagens. A fé é importante para eles, mas é preciso primeiro um conjunto de realizações de vida. Entre os adultos, as áreas de importância crescente são conforto, estilo de vida, sucesso e realizações pessoais. Essas dimensões têm aumentado à custa do investimento em fé e família. O ritmo corrido da sociedade deixa as pessoas com pouco tempo para reflexão. O pensamento profundo que ocorre normalmente refere-se a interesses econômicos. As práticas espirituais, como contemplação, solidão, silêncio e simplicidade são raras. (É irônico que mais de quatro em cada cinco adultos dizem viver uma vida simples).

4. Entre os cristãos, o interesse em participar da ação da comunidade é cada vez maior

Os cristãos estão mais abertos e mais envolvidos em atividades de serviço comunitário do que no passado recente. No entanto, conforme alerta a matéria, apesar dessa tendência, as igrejas correm o risco desse engajamento diminuir, a menos que abracem uma base espiritual muito forte para tal serviço, e não por estímulo momentâneo.

5. A insistência pós-moderna de tolerância é de conquistar a Igreja Cristã

O analfabetismo bíblico e a falta de confiança espiritual fez com que os americanos evitassem escolhas baseadas nas exigências bíblicas, com medo de serem rotulados de julgadores (ou preconceituosos). O resultado é uma Igreja que se tornou tolerante com uma vasta gama de comportamentos moralmente e espiritualmente duvidosos. A ideia de amor foi redefinida para significar a ausência de conflito e confronto, como se não existissem absolutos morais pelos quais vale a pena lutar. Isso não pode ser surpreendente em uma Igreja na qual uma minoria acredita que existe uma moral absoluta ditada pelas escrituras.

6. A influência do cristianismo na cultura e na vida individual é praticamente invisível

O cristianismo é, sem dúvida, a cosmovisão que mais influenciou a cultura americana, mais do que qualquer outra religião, filosofia ou ideologia. No entanto, isso não tem ocorrido nos últimos tempos.

Fonte: Adaptado de Nascimento, 2010.

Atividades de autoavaliação

1. Em suas palavras, o que é pós-modernidade?

2. Quais são as principais características da pós-modernidade? Cite três delas contextualizando-as com episódios de sua vida.

3. Descreva duas características pós-modernas refutando-as com textos bíblicos.

4. Como a Era da Informação e a mídia podem interferir na vida da igreja?

Pressupostos para entender a cidade I: a vida na era pós-modernidade

5. Em sua análise, quais são as razões que permitiram à igreja receber a influência de conceitos pós-modernos?

Anotações

capítulo três

Pressupostos para entender a cidade II: as questões sociais

Jesus terminou, dizendo: — Quando o Filho do Homem vier como Rei, com todos os anjos, ele se sentará no seu trono real. Todos os povos da terra se reunirão diante dele, e ele separará as pessoas umas das outras, assim como o pastor separa as ovelhas das cabras. Ele porá os bons à sua direita e os outros, à esquerda. Então o Rei dirá aos que estiverem à sua direita: "Venham, vocês que são abençoados pelo meu Pai! Venham e recebam o Reino que o meu Pai preparou para vocês desde a criação do mundo. Pois eu estava com fome, e vocês me deram comida; estava com sede, e me deram água. Era estrangeiro, e me receberam na sua casa. Estava sem roupa, e me vestiram; estava doente, e cuidaram de mim. Estava na cadeia, e foram me visitar." — Então os bons perguntarão: "Senhor, quando foi que o vimos com fome e lhe demos comida ou com sede e lhe demos água? Quando foi que vimos o senhor como estrangeiro e o recebemos na nossa casa ou sem roupa e o vestimos? Quando foi que vimos o senhor doente ou na cadeia e fomos visitá-lo?" — Aí o Rei responderá: "Eu afirmo a vocês que isto é verdade: quando vocês fizeram isso ao mais humilde dos meus irmãos, foi a mim que fizeram". (Bíblia de estudo NTLH, 2005. Mateus, 25: 31-40)

O texto bíblico que inicia o capítulo, com a fala do próprio Jesus, é mais atual do que nunca. Quando analisamos o contexto das cidades – será que ainda não temos pessoas com fome, com sede, estrangeiros (haitianos, por exemplo, que chegam em número cada vez maior em nosso país), pessoas sem condições de comprar uma peça de roupa, doentes (os hospitais estão cada vez mais cheios) e presos? A lista, na verdade, pode ser maior e a Igreja na cidade tem, portanto, um grande desafio pela frente. Vejamos um pouco sobre a realidade a nosso redor:

- **Perspectiva moral** – Pessoas discriminadas por etnia, por raça, por religião, por idade, por gênero, por doenças mortais e infectocontagiosas ou por deficiências; crises nas famílias, crises de valores morais e éticos, corrupção, violação de direitos humanos, pedofilia, prostituição etc.

- **Perspectiva social** – Convivemos com violência, desemprego, índios sem proteção e na miséria, pessoas sem terra, outras sem teto, menores abandonados nas ruas, mendigos, pessoas marginalizadas e excluídas, presídios lotados, educação precária, alto índice de analfabetos, falta de saneamento básico, roubo, favelas, fome, doenças, drogas, narcotráfico, degradação ambiental, saúde precária etc.

- **Perspectiva emocional/intelectual** – Pessoas desiludidas, depressivas, com problemas psicológicos, que provocam doenças psicossomáticas ou levando ao suicídio etc.

- **Perspectiva religiosa** – Aumentam os "itinerantes religiosos", decepcionados com a instituição religiosa[1], secularismo avançando sobre a igreja etc.

---

1   Antes havia, nas estatísticas, os católicos nominais. Agora, porém, o Censo de 2010 (IBGE, 2012) apontou, pela primeira vez, a presença de cerca de 4 milhões de evangélicos que não possuem filiação a uma igreja. Essas pessoas acreditam em Deus e professam a fé protestante, mas não acreditam mais na instituição. São os "desigrejados".

Pressupostos para entender a cidade II: a vida na era pós-modernidade

Diante desse cenário, precisamos de uma teologia que tenha compromisso com Deus, com a cidade de Deus e com as pessoas criadas por Deus. Para tanto, precisamos reorientar nossa vida e missão, convertendo-nos aos propósitos do Reino de Deus e da sua justiça (Mateus, 6: 33), fazendo a diferença na sociedade em que vivemos, apesar dos contrastes existentes.

Em uma pesquisa realizada pela Sepal (Servindo Pastores e Líderes), num encontro que reuniu líderes de várias partes do Brasil em 2008, foi descoberto que somente 2,7% dos líderes dedicavam seu ministério na área social (Muzio, 2015). A pesquisa apontou que a maioria desenvolvia seu ministério em outras áreas da igreja: louvor, jovens, ensino etc. É óbvio que essas áreas são importantes, mas a pesquisa demonstra o pouco valor e o restrito espaço que a igreja tem dedicado a uma área com necessidades tão evidentes em nossas cidades. Uma ação cristã e relevante na cidade vai além da distribuição de folhetos ou do ato de cultuar aos domingos (não que isso não seja importante). Nossa missão contempla o atendimento ao indivíduo na totalidade de suas necessidades e, para tanto, precisamos conhecer a realidade que nos cerca.

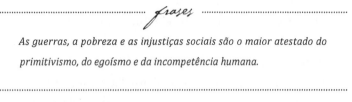

As guerras, a pobreza e as injustiças sociais são o maior atestado do primitivismo, do egoísmo e da incompetência humana.

Fonte: Branco, 2015.

3.1 A pobreza e as desigualdades sociais

Pobreza, algo tão comum em nosso país! Constantemente, o povo brasileiro se depara com situações decorrentes da pobreza e da desigualdade social. Os meios de comunicação (revistas, jornais e rádio) noticiam os variados problemas provocados pelo modo de vida extremamente capitalista, que divide as pessoas em diversas e excludentes classes sociais.

Importante!

É comum relatos de professores de escolas de bairros periféricos, onde há altos níveis de desemprego, de que alunos desmaiam por falta de alimentação; muitos estudantes frequentam a escola por causa da merenda escolar, que, para muitos, é a única refeição do dia.

As causas da pobreza são variadas: desemprego (consequência da redução de postos de trabalho), fome, falta de moradia (pessoas vivem embaixo de fachadas de lojas, instituições, praças e pontes), escassez de alimento, falta de geração de renda, entre tantos outros aspectos que saltam aos olhos diariamente, contribuindo para que a pobreza se perpetue no Brasil.

A pobreza é decorrente de várias razões e fatores, mas os principais são os processos de globalização, a modernização dos meios de produção e a desigualdade social, configurada na péssima distribuição de renda.

É necessário reconhecer que o país está avançando e diminuindo as diferenças sociais, proporcionando maior geração de renda aos pobres por meio de programas sociais. O Brasil não está

Pressupostos para entender a cidade II: a vida na era pós-modernidade

numa situação caótica; ainda assim, o que simula e amplia essa sensação é a desigualdade social.

3.1.1 Indicadores sociais

O levantamento de dados socioeconômicos é fundamental para a identificação de carências e para a construção de políticas públicas e de uma ação ministerial adequada para as cidades. Temos avançado nos indicadores econômicos como um Estado capitalista (tecnologia, por exemplo), mas apresentamos resultados ruins nos indicadores sociais. Segundo dados do IBGE (2010), 8,5% da população brasileira vive em famílias com renda inferior à fixada pela linha de indigência e 15,1% abaixo da linha de pobreza, representando, respectivamente, 16 e 25 milhões de pessoas. Considera-se como extrema pobreza familiar a família que possui renda mensal abaixo de 70,00 reais por pessoa.

Importante!
Linha de pobreza é o termo utilizado para descrever o nível de renda anual com o qual uma pessoa ou uma família não possui condições de obter todos os recursos necessários para viver.

A análise dos números do censo promovido pelo IBGE foi realizada pelo Instituto de Pesquisa Econômica Aplicada (Ipea), e constatou que a miséria no Brasil ainda alcança um a cada dez brasileiros. Segundo o IBGE (2010), ponderando o grupo de brasileiros que vive em situação de extrema pobreza, 4,8 milhões têm renda nominal mensal domiciliar igual a zero e 11,43 milhões possuem renda de R$ 1 a R$ 70. Ainda conforme os dados do IBGE (2010), 46,7% das pessoas na linha de extrema pobreza residem em área rural e 53,3%

mora em áreas urbanas, ou seja, a maioria dos pobres do nosso país vive nas cidades.

De acordo com o *Atlas do Desenvolvimento Humano no Brasil* (Ipea, 2013), desenvolvido pelo Programa das Nações Unidas para o Desenvolvimento, existem estados com uma maior proporção de pessoas com renda domiciliar *per capita* (por cabeça, em latim) igual ou inferior a R$ 255,00 mensais, nível caracterizado como o primeiro da pobreza. Vejamos a lista dos estados mais pobres em nosso país na Tabela 3.1.

Tabela 3.1 – Estados mais pobres do Brasil

Estado da Federação	Lugar no *ranking*	Percentual da população que é pobre
Maranhão	1º	63,55%
Alagoas	2º	59,70%
Piauí	3º	58,10%
Pará	4º	55,90%
Ceará	5º	54,80%
Paraíba	6º	53,60%
Bahia	7º	52,70%
Sergipe	8º	52,10%
Pernambuco	9º	51,80%
Amazonas	10º	51,70%

Fonte: Ipea, 2013.

O *Atlas do Desenvolvimento Humano* é uma importante ferramenta para o desenvolvimento de uma teologia relevante e significativa, pois é importante termos um arcabouço de indicadores que nos revelem um panorama municipal localizado, para que possamos

Pressupostos para entender a cidade II: a vida na era pós-modernidade

trabalhar com esses municípios, apesar de suas heterogeneidades, de maneira mais precisa. No Atlas você consegue, por exemplo, analisar como está o IDHM (Índice de Desenvolvimento Humano Municipal) em sua cidade.

3.1.2 Os lugarejos da pobreza no país

O Brasil, sem dúvidas, é um país de contradições alarmantes. Nesse sentido, Schwartzman (2004) aponta para uma questão fundamental: é paradoxal perceber que nosso país é, concomitantemente, uma grande economia industrializada e uma das sociedades mais desiguais do mundo, exibindo um número anormalmente elevado de pobres e um grau de concentração de riqueza superior ao de muitos países mais pobres.

Nessa perspectiva, temos, nas cidades, o que chamamos de **bolsões de pobreza**. Aproximadamente metade da população brasileira está próxima dos enormes bolsões de pobreza no campo e nas gigantescas periferias sociais dentro e à margem das nossas cidades. É paradoxal, porque temos "bolsões de prosperidade" e, poucos metros depois, "bolsões de pobreza". Da mesma forma, entre a sociedade, há certo comodismo: há os que acham que tudo está bem e há o grito dos excluídos que, contudo, não é percebido em muitas instâncias – infelizmente, às vezes nem mesmo nas nossas próprias igrejas.

Importante!

Bolsão significa região que se destaca por alguma particularidade que a distingue de seu entorno; região física ou virtual de fatores que formam um conjunto diferenciado do universo em que se encontra.

Fonte: Bolsão, 2015.

Favelas

Já vimos, no primeiro capítulo, que o processo de urbanização é um fenômeno mundial. No entanto, devido ao crescimento exagerado e ao êxodo rural, é possível constatar modelos diferenciados de urbanização. Segundo Antoniazzi et al. (1994), o processo de urbanização que aconteceu em nações de primeiro mundo se distingue significativamente do que sucede em países subdesenvolvidos, como o Brasil. A primeiríssima diferença entre as duas fases é demográfica. Não é exagero afirmar que o crescimento populacional nos dois últimos séculos (inclusive no Brasil) foi quantitativamente diferente de tudo que a humanidade já havia experimentado.

Esse processo de migração do campo para as grandes cidades, concomitante a uma péssima distribuição de renda e ao desemprego, obriga as pessoas a procurar lugares impróprios à ocupação urbana, já que não possuem condições financeiras para custear moradias dignas, passando, então, a habitar em favelas e em áreas de risco desprovidas de serviços públicos (esgoto, água tratada, saúde, educação, entre outros) que garantem melhor qualidade de vida. Não é novidade que grande parte das moradias construídas no Brasil são precárias e situadas em locais vulneráveis a enchentes e com falta de saneamento básico. Esses lugares, quando localizados nas grandes cidades, são normalmente conhecidos como *favela*.

A caracterização do termo *favela* foi realizada pela agência das Nações Unidas Un-habitat (Programa das Nações Unidas para Assentamentos Humanos), que a define como uma área degradada de uma determinada cidade caracterizada por moradias precárias e falta de infraestrutura (Un-Habitat, 2003). Obviamente, grande parte dos residentes desses locais opôs-se categoricamente à definição de suas comunidades como "favelas", pelo termo ser pejorativo e por resultar, muitas vezes, em ameaças de despejo.

Pressupostos para entender a cidade II: a vida na era pós-modernidade

A primeira favela no Brasil, segundo dados do governo, surgiu no morro da Providência, no centro da cidade do Rio de Janeiro, em 1897. O morro da Providência fora ocupado inicialmente pelos soldados da Guerra de Canudos, que exigiam do governo casa própria como premiação. Na época, o governo não tinha verba para a construção de casas e, por isso, autorizou que os soldados construíssem barracos de madeira no local. No mesmo ano, já havia surgido uma favela no morro de Santo Antônio, no centro do Rio.

Segundo dados oficiais do IBGE (2010), aproximadamente 11,4 milhões de pessoas (6% da população) residem em "aglomerados subnormais", que é a forma como o governo define as áreas do país que estão ocupadas de maneira irregular, com mais de 50 habitantes e com falta de serviços públicos e de urbanização. O IBGE identificou 6.329 favelas em todo o país, localizadas em 323 de um total de 5.565 cidades.

Essas regiões, portanto, constituem um espaço propício para a realização de projetos que superem a abertura de igrejas que não apresentam projetos socioculturais e educacionais que possam contribuir com uma transformação real. A Figura 3.1 fornece uma visão geral do perfil das favelas e dos moradores que estão localizados nas cidades brasileiras.

Figura 3.1 – As favelas no Brasil e seus moradores

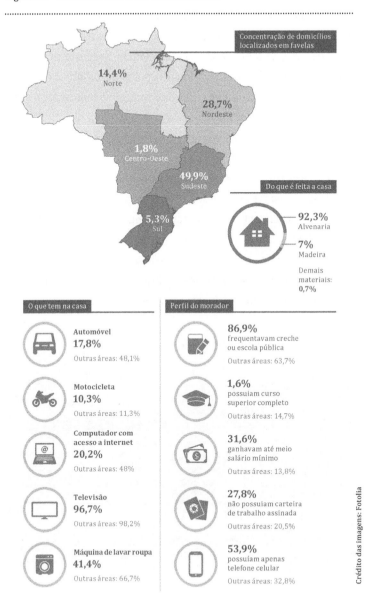

Fonte: Adaptado de UOL notícias, 2013.

Pressupostos para entender a cidade II: a vida na era pós-modernidade

Sertão nordestino

Outra região que merece destaque em nossa análise é o sertão nordestino. Trata-se de uma região que abrange a parte mais interior de praticamente todos os estados da Região Nordeste brasileira, onde se reúnem algumas das cidades com maiores índices de desigualdade social do país, além de baixíssimos indicadores de desenvolvimento socioeconômico.

Os noticiários apresentam regularmente relatos e fatos que evidenciam o quanto as estiagens delongadas afetam a região do sertão nordestino, exibindo imagens peculiares que revelam um lugar muitas vezes árido e seco. A caatinga é a vegetação predominante, pois encontra-se adaptada a longos períodos quase sem chuvas. Devido à escassez de água que se estende por quase o ano inteiro, a região não consegue se desenvolver como outras partes do país. As cidades são castigadas com a seca, a pobreza, a falta de recursos, a fome e outras mazelas sociais.

Figura 3.2 – Sertão nordestino: um campo de possibilidades missionárias

Crédito: Adriana Zehbrauskas/Folhapress

É nessa perspectiva que alguns afirmam que a igreja brasileira deve começar a olhar para o seu próprio quintal, definindo o sertão nordestino como a nossa janela 10x40[2], já que, além de apresentar um dos piores índices sociais e maior concentração de pobreza, figura, também, entre as regiões menos evangelizadas do país. Segundo dados da Sepal (Muzio, 2015), existem cidades no sertão nordestino sem a presença de nenhuma igreja evangélica.

No contexto nordestino, sertanejo, o evangelho é evidenciado, também, na luta pela causa do pobre e oprimido. Falar do amor de Deus e de sua salvação sem envolver-se com a defesa de direitos, a sustentabilidade e a inclusão social pode ser insuficiente.

Comunidades ribeirinhas da Amazônia

Dentro da realidade sociocultural complexa e diversa de povos e culturas na Amazônia, existem, entre outras, as populações ribeirinhas. Dissertar sobre os ribeirinhos é falar sobre os pequenos núcleos populacionais que se estabelecem às margens dos rios, igarapés e furos na Amazônia. O rio é o centro da vida ribeirinha e "se constitui num autêntico espaço de lazer da comunidade, fazendo-se, assim, um lócus social, cultural e educativo" (Oliveira, 2009, p. 98).

No entanto, a realidade social é desafiadora para os sujeitos ribeirinhos (Meirelles Filho, 2004; Oliveira, 2008). Nessas comunidades, algumas muito próximas de centros urbanos (como Belém, por exemplo), a situação, muitas vezes, é de isolamento, interrompido somente pela presença de rios e florestas (Gonçalves, 2010), o que fortalece,

---

2   Segundo o Glossário Missionário da *Bíblia Missionária de Estudo* (2014), Janela 10×40 foi o nome dado por organizações missionárias para definir uma faixa no mapa do globo terrestre que está entre 10 graus norte a 40 graus norte da linha equatorial; é o lugar onde existe a maior concentração dos povos não alcançados pelo cristianismo no mundo. Além disso, boa parte da população pobre do mundo está nessa área.

assim, uma "violação profunda dos direitos humanos elementares, desenhando uma territorialidade na negação e na exclusão dos direitos e da existência humana e social" (Oliveira, 2009, p. 93).

Figura 3.3 – Comunidades ribeirinhas: um campo missionário

Crédito: Zigh Koch/Pulsar Imagens

As únicas estradas, invariavelmente, são os rios e o meio de transporte mais comum são os casquinhos (pequenos barcos a remo). Segundo Meirelles Filho (2004), os serviços públicos, em sua maioria, ainda têm alcance insuficiente nas áreas das ilhas e dos rios, devido, principalmente, ao afastamento das comunidades ribeirinhas (o que gera dificuldades de comunicação e transporte) e à baixa arrecadação de impostos por esses povos. A rede de atendimento socioassistencial e de saúde, invariavelmente, é precária (Meirelles Filho, 2004; Oliveira, 2008, 2009), operando com capacidade esgotada e demanda reprimida, o que faz com que essas populações fiquem praticamente excluídas do acesso aos direitos fundamentais da vida humana (Oliveira, 2009).

Muitas comunidades também não contam com energia elétrica (Oliveira, 2008, 2009). As moradias, em sua grande maioria, são palafitas de madeira, as quais, devido aos alagamentos e à falta de instalações sanitárias, sofrem contaminação da água servida. O número reduzido de cômodos dessas habitações precárias, em contraposição ao elevado número de membros das famílias, prejudica o desenvolvimento saudável das crianças (Unicef, 2004).

O saneamento básico é um aspecto crítico em muitas cidades amazônicas, o que se reflete, obviamente, na realidade das comunidades ribeirinhas. Não há rede de água tratada ou esgoto (Oliveira, 2008, 2009) nem mesmo fossas sanitárias. A água utilizada para higiene pessoal, para beber, cozinhar e realizar a limpeza doméstica vem dos rios, dos igarapés e das várzeas, que se encontram próximos às residências ribeirinhas e dão origem da maioria das doenças existentes no local (Meirelles Filho, 2004).

Percebemos, então, que essas comunidades ribeirinhas vivem geralmente situações de adversidade e precariedade que não favorecem o desenvolvimento das potencialidades humanas, muito menos da educação (Meirelles Filho, 2004). A religiosidade é expressa na forte presença católica, em algumas igrejas evangélicas e com forte apelo ao sincretismo religioso. Portanto, as comunidades ribeirinhas também representam um grande desafio, sejam as mais distantes, sejam aquelas que estão bem próximas das grandes cidades amazônicas.

3.2 A violência nas cidades

Todos os dias, sem exceção, estamos acostumados a assistir ou ouvir os noticiários relatando a onda de violência nas cidades. O problema ocorre em todo o Brasil, nas pequenas e nas grandes cidades. Não há

Pressupostos para entender a cidade II: a vida na era pós-modernidade

mais para onde fugir; para onde formos, em menor ou maior proporção, poderemos ser surpreendidos pela violência. A violência se manifesta por meio da tirania, da opressão e do abuso da força. Decorre do constrangimento exercido sobre alguma pessoa para obrigá-la a fazer ou deixar de fazer um ato qualquer.

No Brasil, a violência tem feito milhares de vítimas. Em alguns casos, esse ato é praticado pela própria família, além de inúmeros outros ocorridos nas ruas. O ano de 2014 foi marcado pela reação da população à onda de violência, em que tivemos casos nos quais a população tentou fazer justiça com as próprias mãos.

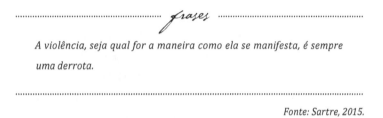

A violência, seja qual for a maneira como ela se manifesta, é sempre uma derrota.

Fonte: Sartre, 2015.

Para se ter uma ideia do quanto esse assunto está relacionado aos capítulos anteriormente estudados, podemos evidenciar quais fatores podem colaborar para o aumento da violência. Nesse sentido, aspectos como a urbanização acelerada – que traz um grande fluxo de pessoas para as áreas urbanas e, assim, contribui para um crescimento desordenado e desorganizado das cidades – e o consumismo exagerado são fatores que instigam ainda mais a violência. Por vezes, percebemos também que as causas da violência estão associadas, em parte, a problemas sociais, como miséria, fome, desemprego etc.

Além da violência no contexto conflituoso entre polícia e criminosos nas cidades, a violência se apresenta nas mais diversas configurações e pode ser caracterizada como violência contra a mulher, a criança e o idoso, além de violência sexual, política, psicológica, física, verbal, entre outras.

Os bairros marginalizados das principais cidades brasileiras respondem por aproximadamente 35% da população nacional; nesses locais, pelo menos a metade das mortes é provocada por causas violentas, como agressões e homicídios (Freitas, 2015). Isso é explicitado quando nos deparamos com dados de São Paulo e do Rio de Janeiro, onde 21% de todas as mortes são provenientes de atos violentos (Freitas, 2015).

De acordo com o jornal *O Globo*, numa reportagem sobre o Panorama da Violência no Brasil, algumas cidades do país apresentam um percentual de mortandade proveniente de atos de violência que equivale aos do Iraque, país em guerra (Waiselfisz, 2011). O Brasil responde por 10% de todos os homicídios praticados no mundo, segundo dados de um estudo realizado a pedido do governo suíço, divulgado no ano de 2008, em Genebra (Waiselfisz, 2011).

A solução para a questão da violência no Brasil envolve os mais diversos setores da sociedade, não só a segurança pública e um judiciário eficiente. É preciso também, com urgência e profundidade, melhorar o sistema educacional, a saúde, a qualidade habitacional, as condições de empregabilidade, entre outros fatores. A religião se constitui como fator preponderante, pois ela é protagonista e pode fazer muito, tanto na área da educação cristã quanto na conscientização dos membros da comunidade e seus familiares. Há muito já se sabe do papel de ressocialização que a igreja cristã exerce, com inúmeros testemunhos de pessoas que antes estavam ligadas ao crime, mas que, ao conhecerem Jesus, tiveram suas vidas transformadas. Mas há muito ainda a ser realizado.

Pressupostos para entender a cidade II: a vida na era pós-modernidade

3.2.1 O sistema carcerário

O resultado da violência e da criminalidade nas cidades se expressa dentro do sistema carcerário de nosso país. Segundo dados divulgados pelo Conselho Nacional de Justiça (CNJ) em junho de 2014, a população carcerária no Brasil é de 711.463 presos, sendo que 147.937 estão em prisão domiciliar. Segundo a mesma pesquisa, a partir dessa recente estatística, o Brasil assume o terceiro lugar mundial em número de população carcerária (CNJ, 2014). A superpopulação nos presídios é de conhecimento de todos; no entanto, a população carcerária cresce cada vez mais e poucos presídios são construídos para atender à demanda das condenações.

O ano de 2014 ficou marcado por uma série de ataques que aconteceram no estado do Maranhão, no Complexo Penitenciário de Pedrinhas, que atingiu as cidades e matou pessoas que não tinham relação com o problema. Aliás, isso não é novidade – há muito já se sabe que de dentro de presídios partem ordens de líderes do crime para que os parceiros que estão nas ruas executem ações que afrontam o Estado e assustam a população.

A igreja, nesse sentido, deve contribuir para uma cultura de paz. Fiel à sua missão evangelizadora, ela deve estar sempre à disposição para colaborar na busca por soluções que estanquem a violência, assegurem a paz e estabeleçam a justiça nos presídios e na sociedade para, assim, atender ao chamado de Jesus, que alerta que, quando visitamos um preso, estamos visitando Ele próprio. Da mesma forma, a Bíblia ressalta que não é para nos esquecermos daqueles que estão presos: "Lembrem dos presos como se estivessem na cadeia com eles" (Bíblia de estudo NTHL, 2005. Hebreus, 13: 3).

3.3 Outras questões pertinentes

Trataremos, agora, de outras questões pertinentes à problemática urbana e que merecem destaque para que nos conscientizemos, de modo mais amplo, dos problemas que assolam a população brasileira e que merecem um olhar mais cuidadoso por parte da igreja.

3.3.1 A deficiência no Brasil

A inclusão de pessoas com deficiência (PcD) é um direito, independentemente do tipo de deficiência e do grau de comprometimento. Porém, o que se percebe é que a desinformação é muito comum em boa parte da população, o que faz com que as pessoas desconheçam que indivíduos com deficiências têm igual direito à convivência não segregada (isto é, sem isolamento: é preciso conviver em sociedade), bem como ao acesso a todos os direitos e recursos que os cidadãos possuem. Tal realidade, infelizmente, potencializa e, por vezes, incentiva as diversas formas de discriminação e exclusão frequentemente observadas no seio da sociedade.

Mesmo que lentamente, essa temática vem ganhando destaque na pauta de discussões sociais, políticas e econômicas, em escala mundial e também na realidade brasileira. A atuação das organizações do terceiro setor e das igrejas é um fator que tem contribuído para gerar avanços nas discussões, reflexões e práticas sobre a inclusão da pessoa com deficiência no Brasil. Segundo a Organização Mundial da Saúde (OMS), 10% da população mundial apresenta algum tipo de deficiência (Brasil, 2008). No Brasil, segundo o último censo do IBGE (2010), o Brasil possui 45.623.910 pessoas que apresentam, pelo menos, uma das deficiências pesquisadas, o que representa 23,92% do total da população.

Figura 3.4 – Bíblia em braile

Fonte: Museu da Bíblia, 2015.

Com isso, o primeiro passo para uma ação significativa por parte da igreja é conhecer a realidade dessa população, de modo a entender quais são os anseios e as necessidades característicos desse grupo, para que as ações assistenciais e espirituais sejam propostas de forma a terem uma participação significativa na vida do deficiente. A Bíblia em braile, doada pela Sociedade Bíblica do Brasil aos deficientes visuais, é uma prova de que é possível realizar um trabalho de amor que faça diferença na vida do deficiente. Nos evangelhos, é possível constatar o grande amor que Jesus tinha pelos deficientes. Ele ia ao encontro dessas pessoas e expressava seu amor com palavras, perdão e cura.

3.3.2 A questão das drogas

Não há dúvidas de que os problemas decorrentes do uso, do abuso e da dependência de drogas são uma preocupação mundial, que perpassa vários campos da ciência, como a medicina, a sociologia, a psicologia/psiquiatria, a religião, entre outros. As causas que levam à dependência são muitas, como fatores sociais e afetivos, disfunções familiares, abusos na infância, transtornos alimentares, violência doméstica (mais comum contra as mulheres), falta de estabilidade financeira, entre outros. Nesse sentido,

> *a dependência química pode ser incluída nas patologias do desamparo. Essas patologias são predominantes na época atual, sendo um resultado do individualismo extremo e do enfraquecimento de vínculos sociais [...]. Assim, o objeto-droga cumpre uma função de amortecimento da dor e do sofrimento, garantindo a plenitude.* (Gomes, 2010, p. 55)

Como consequência, a dependência química afeta a família, a sociedade, a economia e tantos outros âmbitos, tornando-se um problema de saúde e segurança pública e causando grande impacto social. O uso de drogas superou questões sociais, religiosas, econômicas e de gênero. De fato, "a dependência de drogas revela a heterogeneidade dos usuários, afetando as pessoas de diferentes maneiras e em diferentes contextos" (Gomes, 2010, p. 25).

Importante!

De acordo com o II Levantamento Domiciliar sobre o uso de drogas psicotrópicas no Brasil, realizado em 2005 pelo Centro Brasileiro de Informações Sobre Drogas Psicotrópicas da Universidade Federal de São Paulo, a maioria das pessoas começa a usar drogas por influências dos amigos ou por curiosidade. Mais da metade da população já experimentou pelo menos um tipo de droga em algum momento da vida.

Fonte: Carlini et al., 2007.

Os grandes centros urbanos espalhados pelo país estão sofrendo com espaços – chamados de *cracolândias* – em que as drogas são comercializadas e consumidas à luz do dia. As notícias nas redes de comunicação evidenciam tal realidade, indicando os problemas que as drogas causam, como violência, morte, dependência, criminalidade etc. Para constatar tais exposições, já existe um *site* na internet especializado em selecionar e classificar notícias diárias que tratam sobre drogas[3].

A dependência química é uma doença progressiva, incurável e fatal (Arêde Junior; Feliciano, 2010). Entre tantas outras questões sociais, as drogas e a dependência química, bem como a prevenção e o tratamento dessa doença, são temas aos quais a igreja não pode fechar os olhos. Nessa perspectiva, Cunha (2011, p. 44) lembra que "Jesus Cristo não se furtou ao contato social, e seus seguidores não podem fazer o contrário. Feliz ou infelizmente, as épocas exigem suas próprias lutas".

É nesse sentido que a fé e a religiosidade devem vir em auxílio. Inúmeras pesquisas apontaram para formas de vivenciar a religiosidade na recuperação da dependência química (Dalgalarrondo et al., 2004; Sanchez; Oliveira; Nappo, 2004; Sanchez, 2006). Os participantes destacam a religiosidade como elemento de grande importância para a recuperação da drogadição, mostrando-se gratos a Deus por tê-los protegido dos perigos que o envolvimento com as drogas trouxe e de terem sido, segundo eles, salvos do mundo das drogas por uma divindade.

Tal realidade se constitui, então, como um desafio à missão e à ação pastoral da Igreja na sociedade hodierna, emergindo a necessidade de uma nova evangelização que atue numa perspectiva sociotransformadora entre os dependentes químicos, pois, de fato, "solucionar os problemas locais ou regionais é o esforço da igreja

---

3   Acesse o *site* da Abead, 2014.

Teologia das cidades

quando propõe condições de transformação através de sua ação evangelizadora" (Maia, 2011, p. 87).

A igreja precisa fazer com que o evangelho responda às exigências dos novos tempos (Brighenti, 2000), razão por que a ação pastoral deve ir ao encontro das crises que a modernidade apresenta ao ser humano. Nesse sentido, é importante construir uma ação pastoral urbana e missionária, no âmbito da fé, entre os dependentes químicos. Trata-se de uma ação que contribui para satisfazer os anseios dessas pessoas, estabelecendo a estruturação de uma autêntica ação pastoral que responda às exigências destes tempos de profundas mudanças.

3.3.3 Educação precária e analfabetismo

A educação é fundamental para aqueles que sonham com uma sociedade melhor. Sabemos que não é a única solução, mas "se a educação não pode tudo, alguma coisa fundamental a educação pode" (Freire, 1996, p. 112). O papel da educação, portanto, é essencial para a construção de outro mundo possível, por meio, é claro, da valorização do ser humano em todas as suas formas de vida.

A educação é um direito de todos e deve ser realizada para todos, não importando onde estejam as pessoas. Elas podem habitar a cidade, o campo, o sertão nordestino, as comunidades ribeirinhas, os presídios, as favelas etc. Enfim, a educação deve ser para todas as pessoas. Não depende de classe, de situação social ou econômica, de raízes étnicas ou crenças religiosas. A educação é para todos os seres humanos e todos têm esse direito!

A educação é um meio de intervenção social, como afirma Freire (1996), por meio da qual é possível potencializar a humanização, a inclusão e o fortalecimento da cultura, mudando e transformando a sociedade e as relações entre os seres humanos. Nessa perspectiva,

Pressupostos para entender a cidade II: a vida na era pós-modernidade

como práxis educativa, a educação tem, historicamente, o desafio de oferecer respostas às demandas que os contextos sociais apresentam (Pimenta, 2005).

Os desafios para a realização de uma educação relevante são muitos na sociedade em que vivemos. Uma reportagem de um programa dominical mostra os grandes desafios da educação em nosso país. Trata-se de um retrato do abandono do ensino público no Brasil. São escolas sem água potável, sem banheiro e até sem sala de aula (Situação precária..., 2014).

Figura 3.5 – Mapa com taxa de analfabetismo (PNAD 2011)

Fonte: Adaptado de IBGE, 2012.

De acordo com Bruini (2015):

O Brasil ocupa o 53º lugar em educação, entre 65 países avaliados (Pisa). Mesmo com o programa social que incentivou a matrícula de 98% de crianças entre 6 e 12 anos, 731 mil crianças ainda estão fora da escola (IBGE). O analfabetismo funcional de pessoas entre 15 e 64 anos foi registrado em 28% no ano de 2009 (Ibope); 34% dos alunos que chegam ao 5º ano de escolarização ainda não conseguem ler (Todos pela Educação); 20% dos jovens que concluem o ensino fundamental, e que moram nas grandes cidades, não dominam o uso da leitura e da escrita (Todos pela Educação). Professores recebem menos que o piso salarial[4].

Por causa dos baixos salários, constantemente recebemos notícias das greves dos professores em muitas cidades.

Desde a chegada dos primeiros missionários no Brasil, já havia um lema antigo: "ao lado de cada igreja devia-se fundar uma escola". Os missionários, ao chegarem ao Brasil, na segunda metade do século XIX, fundaram diversas escolas e se preocuparam com a educação como parte de sua missão. A igreja não pode se furtar de uma prática que incentive a busca pelo estudo; quando possível, sua própria estrutura deve servir de apoio a projetos educacionais em parceria com órgãos governamentais e organizações não governamentais (ONGs).

---

4   Os dados citados referem-se a 2009. Dados publicados em 7 de dezembro de 2010. Existem dados mais atuais, em: <http://epoca.globo.com/vida/noticia/2013/12/bbrasil-melhora-pontuacao-mas-bcai-em-ranking-do-pisab.html>. Acesso em: 17 nov. 2015.

Pressupostos para entender a cidade II: a vida na era pós-modernidade

3.4 Desafios teológico-pastorais: justiça social e mensagem transformadora

Ainda que a pobreza, a desigualdade social, a ação das drogas e da violência, a falta de educação e outras diversas mazelas sejam perceptíveis em diversos lugares e situações ao redor do país, é muito difícil captar exatamente a totalidade do problema. Quais são as carências e o que é preciso fazer para amenizar o sofrimento das pessoas que vivem com pouco ou nenhum recurso? Quem são os pobres? Onde eles estão? Como vivem? O que podemos fazer para melhorar a vida das pessoas com ações da Igreja é um grande desafio.

Schwartzman (2004, p. 189) afirma que:

> *Tudo é fácil de dizer e dificílimo de fazer. A construção de uma sociedade competente, responsável, comprometida com os valores da equidade e justiça social, e que não caia na tentação fácil do populismo e do messianismo político, é uma tarefa de longo prazo e que pode não chegar a bom termo.*

A ação da igreja deve ser abrangente, envolvendo, pelo menos, a luta pelo acesso mínimo a serviços que ofereçam qualidade de vida, como saúde, moradia, alimento e educação. É também uma luta que vai além: busca garantir também o direito de ser cidadão, de participar da vida social e da democracia brasileira; portanto, busca disseminar a consciência desses direitos, devendo se organizar, inclusive, para lutar por eles.

Essas questões não podem passar despercebidas por aqueles que buscam Deus. Jesus atendeu às necessidades do seu povo – comida, cura, alento, conforto etc. Ele não inventou essas necessidades, mas trabalhou observando as carências de sua época. Aqueles que passam fome precisam de comida e também de alento para sua dor ou tristeza do presente. Não se pode apenas apresentar o porvir; a mensagem do reino deve ser para o porvir, mas, ao mesmo tempo, é preciso formular um projeto de vida com orientações sobre o que se deve fazer hoje.

Precisamos de uma mensagem como a do profeta Amós: "Parem com o barulho das suas canções religiosas; não quero mais ouvir a música de harpas. Em vez disso, quero que haja tanta justiça como as águas de uma enchente e que a honestidade seja como um rio que não para de correr" (Bíblia de estudo NTHL, 2005. Amós, 5: 23-24). Nesse texto, o profeta ressalta que:

- o culto/adoração só tem validade quando as atitudes estão em sintonia com o que a boca fala;
- é importante que haja justiça e não sacrifícios;
- o arrependimento é necessário para fazer com que ações justas e honestas transbordem por meio do povo de Israel.

Para concluir este capítulo, citamos Jonh Stott (1983, p. 42), ressaltando a necessidade de que a igreja tenha uma presença pública relevante no contexto urbano com ações que promovam a justiça social acompanhada de uma mensagem bíblica transformadora:

A população destituída, depauperada e subnutrida do mundo introduz-se no contexto da evangelização. [...] Todos estamos chocados com a pobreza de milhões de pessoas, e conturbados pelas injustiças que a provocam. Talvez não tenhamos o mesmo conceito de justiça e injustiça, nem partilhemos todos das mesmas teorias e soluções econômicas, nem creiamos todos que a vontade de Deus seja uma sociedade igualitária em que mesmo as mais mínimas diferenças de renda e de propriedade não são toleradas. Mas estamos todos assustados com a pobreza, isto é, com o enorme número de pessoas que não tem o que comer, cujo teto e

Pressupostos para entender a cidade II: a vida na era pós-modernidade

vestuário são penosamente inadequados, e cujas oportunidades de educação, e de emprego e de assistência médica são mínimas. Todo cristão sensível deve sentir-se chocado com essa situação e nunca se acostumar tanto com ela a ponto de nada fazer em vista dela.

....

Texto complementar

IBGE aponta que 58% dos brasileiros têm carências sociais; novo indicador de pobreza considera qualidade de vida

A análise do padrão de vida e da distribuição de renda dos brasileiros, feita pelo IBGE (Instituto Brasileiro de Geografia e Estatística), ganhou um novo indicador, que leva em conta carências sociais da população, além da renda. O levantamento mostra que o número de pessoas consideradas pobres caiu no país.

Em 2011, 58,4% dos brasileiros apresentaram ao menos um tipo de carência entre quatro itens avaliados: atraso educacional, qualidade dos domicílios, acesso aos serviços básicos e acesso à seguridade social. Dez anos atrás, em 2001, esse índice era ainda maior: 70,1%.

Os dados fazem parte da amostra Síntese de Indicadores Sociais, divulgada nesta quarta-feira (28). De acordo com o IBGE, esta é a primeira vez que os dados de 2001, que compõem a base de comparação, são divulgados. Para isso, adaptou-se uma metodologia que mede a pobreza por meio de indicadores monetários e não monetários, desenvolvida no México.

Nos dois anos estudados, a carência de acesso a serviços básicos – água, esgoto, coleta de lixo e energia elétrica – foi a que mais atingiu a população: 32,2% em 2011. A situação mais crítica foi verificada na região Norte do país, onde 64,6% dos domicílios (chegando a 73% no Acre) não tinham os serviços básicos. Já no Sudeste, apenas 14,8% não contavam com os serviços.

....

Nesse caso, foram considerados carentes os moradores de casas cujo abastecimento de água não era realizado por rede geral; com descarte sanitário não realizado por rede coletora de esgoto ou fossa séptica; sem coleta de lixo direta ou indireta; ou, ainda, sem energia elétrica.

Gráfico 1 – População brasileira, segundo carências sociais e renda (em %)

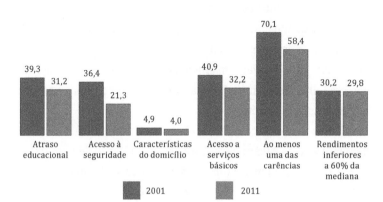

Fonte: IBGE, 2012.

O atraso educacional aparece na sequência, atingindo 31,2% dos brasileiros em 2001. Nesse caso, foram consideradas carentes crianças e adolescentes de seis a 14 anos que não frequentavam escola; pessoas com 15 anos ou mais analfabetas; e pessoas com 16 anos ou mais que não haviam concluído o ensino fundamental. A pior situação foi observada no Nordeste, onde 36,8% da população tinha atraso educacional. Já no Sudeste e no Centro-Oeste, o índice verificado foi de 28%.

Na contramão desses números, a proporção de atraso educacional na região metropolitana de Fortaleza (CE) cai para 22,1%, enquanto no Estado de Minas Gerais sobe para 35,2%.

....

Para o instituto, a análise do padrão de vida da população vai além da questão dos rendimentos e envolve conceitos de qualidade de vida e exclusão social, como nível de escolaridade e acesso a serviços básicos de saúde. Ainda segundo o IBGE, limitar a análise da igualdade a uma única perspectiva (da renda, por exemplo) não garante igualdade em outras variáveis (como saúde ou bem-estar), já que dois indivíduos com rendimentos exatamente iguais podem demonstrar habilidades diferentes para usar essa renda. [...]

No item qualidade dos domicílios, foram considerados carentes os moradores de casas com paredes que não eram de alvenaria ou de madeira aparelhada; com telhado cujo material predominante não era telha, laje ou madeira aparelhada; ou, ainda, com mais de 2,5 pessoas por dormitório.

No que diz respeito à renda, observa-se que, em 2011, 29,8% da população brasileira encontrava-se em situação de vulnerabilidade, ou seja, tinham rendimentos inferiores a 60% da média do país, que é de R$ 545 – o que representa renda mensal abaixo de R$ 327 (veja gráfico acima).

A partir da identificação das carências, o IBGE fez uma classificação da população em quatro grandes grupos: vulneráveis por renda e por carências sociais (população com rendimento domiciliar, por pessoa, abaixo de 60% da média e com ao menos uma carência social); vulneráveis por carências sociais (população com ao menos uma carência, mas com rendimento domiciliar superior a 60% da média); vulneráveis por renda (população com rendimento domiciliar inferior a 60% da média, mas sem carências sociais); e não vulneráveis.

....

Gráfico 2 – Grupos de vulnerabilidade, segundo as regiões do país (em %)

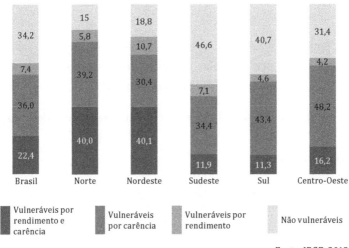

Fonte: IBGE, 2012.

Fonte: UOL Notícias, 2012.

Atividades de autoavaliação

1. Na parte introdutória do capítulo, foram elencados alguns tipos de miséria que desafiam a igreja na atualidade. Quais são as misérias que mais precisam ser trabalhadas na realidade da sua igreja?

2. Quais são os desafios que a pobreza impõe à prática da igreja na sociedade?

3. Como as desigualdades sociais favorecem a violência e o caos do sistema penitenciário brasileiro?

4. Você conhece alguma proposta de igrejas que atuam na inclusão de pessoas com deficiência? Descreva e relate a importância dessa ação.

5. Como a igreja pode exercer uma influência significativa sobre os jovens para que eles não procurem as drogas, seja por curiosidade, seja por influência de amigos?

6. Qual o maior desafio da igreja no contexto social que foi descrito?

Anotações

capítulo quatro

As cidades na Bíblia: perspectivas no Antigo e no Novo Testamento

Se o Senhor não edificar a casa, não adianta nada trabalhar para construí-la. Se o Senhor não proteger a cidade, não adianta nada os guardas ficarem vigiando. (Bíblia de estudo NTLH, 2005. Salmos, 127: 1)

Você já percebeu que o plano de Deus para a humanidade inicia-se em um jardim (Gênesis, 2) e termina em uma cidade (Apocalipse, 3: 12; 21: 2)? Deus utiliza elementos e estruturas humanas reconhecidas para descrever o local de onde viemos e para onde iremos após a sua volta.

Figura 4.1 – Escavações em Berseba

Fonte: Adaptado de Beaumont, 2013.

Quanto a nossa vida neste momento, a nossa prática missionária e teológica deve alcançar a pessoa no lugar em que ela está. Por isso, precisamos de uma ação missionária contextualizada às cidades, aos campos, às periferias e aos diferentes contextos em que as pessoas vivem. O Salmo 127, citado no início do capítulo, demonstra que a vontade de Deus se estende para as famílias e para os lugares onde elas moram, ou seja, as cidades – o Senhor quer edificar e proteger as famílias e as cidades.

No primeiro capítulo, realizamos uma imersão multidisciplinar sobre a criação e a história das cidades. A ideia era analisar como, humanamente falando (por isso, com todas as devidas limitações), as cidades são compreendidas pelo ser humano com base em sua história. Mas o que a Bíblia, de fato, diz sobre as cidades?

Nosso foco neste capítulo, portanto, é analisar as cidades da Bíblia por meio de uma reflexão teológica e refletir como essa percepção influencia nossa missão e o labor teológico nas cidades atuais. Obviamente, não temos como descrever todas as cidades relacionadas na Bíblia. Faltaria tempo para analisar cada cidade em sua especificidade. Por isso, atentaremos para os aspectos mais importantes na relação de Deus com as cidades, para que possamos desenvolver uma teologia com uma proposta bíblica relevante.

4.1 Panorama geral: a presença das cidades na Bíblia

As cidades têm um papel de destaque na Bíblia. Entre Gênesis e Apocalipse, consta mais de 1.400 vezes o verbete *cidade*, tanto no Antigo Testamento (*ihr* no hebraico) quanto no Novo Testamento (*polis* no grego).

A Bíblia não tem o interesse, nem é sua finalidade, de relatar as origens históricas da criação das cidades. Nos relatos bíblicos, no entanto, a cidade é mencionada, pela primeira vez, como obra de Caim (Gênesis, 4: 17). *Enoque* foi o nome dessa cidade, o que marcou um novo começo para Caim.

Muito diferente dos dias de hoje, existia em geral pouca diferença entre aldeias, vilas e cidades nos tempos bíblicos, principalmente no Antigo Testamento. A principal diferença não era o tamanho, mas o sistema de defesa, pois as cidades eram cercadas por muros de defesa, enquanto as vilas não possuíam "muros e não [tinham] ferrolhos nem portas" (Bíblia de estudo NTHL, 2005. Ezequiel, 38: 11). Mas, seja qual fosse o tamanho, cada assentamento era uma manifestação do anseio humano de viver em comunidade.

Importante!

A seguir, temos o modelo da Porta de Megido durante o reinado do Rei Salomão. Portas fortificadas eram uma parte importante de qualquer cidade. Essa, por exemplo, era em forma de L e tinha portões duplos, facilitando a defesa. Além disso, por ser o seu maior espaço aberto, as portas da cidade eram um alvoroço só, pois serviam como lugar de negócios e julgamentos, além de pontos de encontro (como os relatos de Rute 4: 1 e II Reis 7: 1). À noite, os portões eram fechados e trancados com barras transversais.

Figura 4.2 – Porta de Megido

Fonte: Adaptado de Beaumont, 2013

Nossa análise é menos multidisciplinar e mais bíblica neste capítulo. Nosso ponto de partida é a teologia e a compreensão que, bíblica e teologicamente, temos das cidades. Como já vimos, no início as pessoas viviam em áreas agropastoris. Porém, havia uma disposição constante para que os seres humanos passassem a se concentrar em volta de um centro populacional. A famosa história bíblica da Torre de Babel evidencia essa tentativa de agrupamento urbano, o qual, porém, não foi aprovado por Deus pelos motivos que já conhecemos. Dam Ferreira (1990) aponta que a primeira fase no desenvolvimento das cidades se deu de 5.000 a.C. a 500 d.C, até à queda de Roma, quando foram estabelecidas grandes cidades, como Jericó, Biblos, Jerusalém, Babilônia, Nínive, Atenas, Esparta e Roma. Eram as chamadas *polis*. Perceba que a maioria das cidades relacionadas faz parte da história bíblica.

Figura 4.3 – Maquete da cidade de Roma Antiga

Crédito: Ruggero Vanni/Vanni arquive/corbis/Latinstock

Existem aqueles fatalistas que apregoam que não adianta lutar para melhorar a cidade já que tudo, um dia, vai acabar. Por essa ideia dualista (de cuidar somente do "espírito" e esquecer que ainda vivemos nesta terra), é compreensível o quanto as cidades têm servido de atuação para criminosos, para a prática da prostituição, da violência etc. Por isso, como igreja, temos de atender à Palavra de Deus, que nos manda anunciar o evangelho em todos os lugares, para todas as pessoas.

Não restam dúvidas de que Deus tem planos extraordinários para as cidades. O cristianismo surgiu numa grande cidade (Jerusalém), alastrando-se por outros centros urbanos estratégicos, como Samaria e Antioquia. Da mesma forma, ainda no Antigo Testamento, Deus ordenou que Abraão saísse de Ur (uma grande cidade na época) e determinou que iniciasse a conquista da terra por Jericó, outra cidade importante na época.

Linthicum (1990, p. 27) assevera que "a cidade é campo de batalha entre Deus e satanás" e que a Bíblia revela o quanto Deus se preocupa com o bem-estar da cidade (Jonas, 4: 10). Na Bíblia, constatamos que, em muitos casos, a ação redentora de Deus concentrava-se nas cidades (Salmos, 46: 4-5; Zacarias, 8: 3; Marcos, 15: 21-39). Estudaremos um pouco mais sobre o papel de Jerusalém como a cidade santa e escolhida por Deus; mas, por enquanto, vale ressaltar que a chegada do Reino de Deus é descrita como a vinda de uma cidade redimida – a Nova Jerusalém (Apocalipse, 21-22).

No livro do profeta Amós, Deus afirma que a restauração que Ele realizaria em Israel alcançaria proporções inimagináveis, com a restauração espiritual das pessoas acompanhada por uma mudança de sorte do povo e pela reedificação das cidades que tinham sido assoladas. Nessas cidades reconstruídas, o povo de Israel iria viver abençoado por Deus com o vinho e com o fruto da terra. Como é possível perceber, apesar de muitas vezes assoladas e destruídas, no plano de restauração Deus sempre envolvia as cidades.

As cidades na bíblia: perspectivas no antigo e novo testamento

4.2 As cidades no Antigo Testamento

Tudo parece indicar que Caim construiu a primeira cidade bíblica como maneira de tentar vencer o isolamento a que estaria sujeito (Gênesis, 4: 14-17). Infelizmente, parece-nos que, posteriormente, as cidades passaram a ter, de forma generalizada, é claro, acepções negativas, já que percebidas como centros de oposição a Deus (como a narrativa de Gênesis, 11: 1-19) e designadas para uma destruição final (Apocalipse, 18). No entanto, tanto no Antigo quanto no Novo Testamento percebemos que Deus não abandonou as cidades. No livro do Apocalipse, por exemplo, a toda poderosa Babilônia do Antigo Testamento será substituída pela "Nova Jerusalém" (Apocalipse, 21: 2), um lugar de paz em Deus.

Vale ressaltar, conforme já vimos, que não havia uma distinção clara entre aldeias, vilas e cidades no Antigo Testamento. Segundo Beaumont (2013), as aldeias eram assentamentos não murados, próximos de ribeiros e fontes. Algumas escavações remontam a 6.000 a.C. Segundo o mesmo autor, as vilas devem ter surgido por volta de 4.000 a.C., motivadas pela busca por proteção e suprimentos por meio da coletividade. Parece-nos que, nos tempos bíblicos, as pessoas preferiam viver em aldeias ou nos arredores, partindo para regiões maiores como vilas e cidades somente quando eram ameaçadas.

Beaumont (2013) ressalta que as vilas eram formadas por pequenos agrupamentos, com aproximadamente 200 moradias e cerca de 1.000 habitantes. As aldeias, por outro lado, eram um ajuntamento de famílias em número sempre significativo. A cidade de Belém é um exemplo do quanto a separação entre aldeias, vilas e cidades não era muito rigorosa. Tais relatos são descritos de formas diferentes na Bíblia (Lucas 2: 4; João 7: 42). Mais tarde, já no período neotestamentário, a religião judaica resolveu que um lugar onde não houvesse uma sinagoga seria considerado uma aldeia.

Ainda de acordo com Beaumont (2013), as cidades de Israel cresceram significativamente em quantidade entre os anos 1.000 e 750 a.C., fruto do surgimento de centros administrativos que serviriam para desenvolver e fortalecer os regimes monárquicos. No entanto, paradoxalmente, o autor afirma que elas também tiveram seu tamanho reduzido, já que o crescimento e o desenvolvimento de prédios públicos culminaram em menos espaço para as casas, o que fez com que muitas pessoas migrassem ou retornassem para as aldeias (Beaumont, 2013).

4.3 As cidades no Novo Testamento

O contexto do Novo Testamento é marcado pela influência grega e romana. Por isso, é possível perceber que as cidades, a partir dos relatos bíblicos neotestamentários, possuem um planejamento diferenciado. A cidade é projetada, as ruas são ordenadas, os distritos definidos, existem prédios mais altos e alguns serviços básicos, como água e esgoto.

Figura 4.4 – Ruínas de Cesareia

A história relata que Herodes, o Grande, reconstruiu Samaria (dando a ela outro nome: Sebaste) e também Cesareia com características próprias do estilo romano. Segundo Beaumont (2013), Cesareia possuía uma rua principal cercada de comércio, de banhos e de um teatro, rodeada por outras ruas menores. Destaque especial deve ser dado à arena, que tinha lugar para 15.000 pessoas sentadas. Ainda tratando de Cesareia, Beaumont (2013, p. 103) afirma que a cidade:

> *Desenvolveu-se em um dos maiores portos, com capacidade para 300 embarcações, tendo o palácio de Herodes em uma elevação com vista para o porto. A principal guarnição militar romana ficava baseada ali. E foi um de seus centuriões, Cornélio, que se tornou o primeiro gentio convertido ao cristianismo (Atos, 10). Uma inscrição com o nome de Pôncio Pilatos, o governador romano, foi encontrada nas ruínas do teatro.*

Tiberíades foi a capital de Herodes Antipas. A cidade estava localizada na margem ocidental do Mar da Galileia (conhecido também como Mar de Tiberíades). Segundo Beaumont (2013), a cidade foi construída sobre dezessete fontes de águas termais subterrâneas e sua arquitetura era completamente grega. Acredita-se que foi em

Tiberíades que Jesus encontrou os glutões, os bêbados, os coletores de impostos e os pecadores (Mateus, 11: 19), sendo acusado pelos fariseus de se misturar com eles.

O livro de Atos apresenta as cidades mais importantes do mundo greco-romano, como Éfeso, Atenas, Corinto e Roma. As ações e viagens missionárias de Paulo relatadas em Atos evidenciam que, apesar dos desafios e da imoralidade, era nas cidades que a maioria das pessoas vivia e, por isso, nesse contexto o evangelho precisava ser pregado para impactar a maioria das pessoas. Foi, portanto, nessas cidades que ele plantou igrejas para servir de base para a evangelização das regiões circunvizinhas.

4.3.1 A relação de Jesus com as cidades

Em seu ministério, Jesus enfatizou que sua ação estava voltada para todas as pessoas, em diversos lugares diferentes. O que salta aos olhos é que nessa ação ele incluiu os excluídos urbanos, desde a Galileia até Jerusalém, curando-os, consolando-os, amparando-os, ensinando-os e libertando-os, de cidade em cidade (Mateus, 9: 35). Na encarnação de Cristo, Deus visita e age nas cidades.

O olhar de Jesus para as localidades sempre ia além da visão superficial das pessoas. Ele tinha um olhar de compaixão pelas pessoas e pelas vilas, aldeias e cidades (Mateus, 9: 36). Ele chorava pela cidade (Lucas, 19: 41-42), realizando um ministério itinerante, sem estar preso à sinagoga ou ao grande templo. Ele estava na rua, com as pessoas, realizando um ministério urbano.

4.3.2 Paulo nas cidades

Com a perseguição que ocorreu em Jerusalém, onde os discípulos moravam, o evangelho alcançou as principais cidades da região (Atos dos

Apóstolos, 8: 4). Imediatamente, com a conversão de Saulo (Paulo), percebemos que a evangelização se amplia, saindo das cidades de Israel para alcançar os gentios. Por meio das viagens missionárias, Paulo alcançou as principais cidades da época: Antioquia, Filipos, Éfeso e Roma, a capital do Império. Conhecemos essas ações a partir de Atos 13.

É através de muitas dessas ações de Paulo nessas e em outras cidades que a igreja se espalhou e cresceu. Foram implantadas igrejas em várias cidades. Por meio do ministério do apóstolo Paulo, 52 novas igrejas foram estabelecidas no contexto do Novo Testamento. Números como esses devem ser considerados para servir de referência para nossa ação evangelizadora na cidade. Aliás, as cidades, como espaço urbano, tornam-se o polo inicial das igrejas. Os apóstolos se encontravam com as pessoas em espaços urbanos, característicos das cidades, como presídios, praças, sinagogas etc.

Paulo iniciava cada uma de suas cartas saudando a igreja reunida em determinada cidade, por exemplo, Roma, Corinto e Filipos ou, em outras palavras, a igreja situada histórica, geográfica e culturalmente no tempo e no espaço. Portanto, ele escrevia para cristãos de uma determinada cidade. Percebemos em suas cartas aspectos sócio-políticos-econômicos e culturais que interferem na vida e na missão de cada igreja local – a igreja sendo sal, luz e fermento no dia a dia da cidade (Castro, 1996).

4.4 As cidades como espaço de ação divina

Trabalhem para o bem da cidade para onde eu os mandei como prisioneiros. Orem a mim, pedindo em favor dela, pois, se ela estiver bem, vocês também estarão. (Bíblia de estudo NTLH, 2005. Jeremias, 29: 7)

Existe uma base bíblica para lutarmos pelas cidades? Deus tem interesse nas cidades? No texto destacado anteriormente, o profeta Jeremias é usado por Deus para destacar uma relação importante quanto à cidade. Ele afirma que, apesar de a cidade citada não ser a cidade do povo de Israel, Deus exige trabalho e oração para que ela esteja bem. Não basta orar ou estar presente, é preciso agir para que ocorra a transformação. Como consequência, se a cidade estiver bem, o povo também estará. Portanto, há um grande desafio para a igreja no contexto das cidades.

A Bíblia contempla uma missão urbana, preocupada com as estruturas sociais da cidade, procurando transformá-las para a glória de Deus. A Bíblia relata uma promessa aos filhos de Deus para que vivam em suas cidades (Números, 35: 1-8; Deuteronômio, 1). Além de transformar a vida das pessoas, nossa missão pode transformar as estruturas sociais que também foram afetadas pela queda. Deus tem um plano para a cidade e não somente para as pessoas que nela habitam. A ação transformadora de Deus nas cidades se inicia com a ação da igreja.

4.4.1 As cidades como centro da misericórdia divina

Um olhar de misericórdia só é possível quando se sente a dor, nesse caso, a dor específica da cidade, e isso se inicia com o olhar da igreja sobre o espaço urbano. Abraão é um exemplo de alguém que sente essa dor e intercede pelos justos que possivelmente existiriam em Sodoma e Gomorra, e que Deus destruiria. Ou seja, sem justos naquela cidade, ela não sobreviveria (Gênesis, 18: 22-23).

As cidades de refúgio (Deuteronômio, 4: 41-43, 19: 1-3; Números, 35: 11) demonstram o quanto a cidade pode ser um centro de misericórdia divina. No relato de Números, 35, consta uma ordem de

As cidades na bíblia: perspectivas no antigo e novo testamento

Deus a Moisés, para que ele escolhesse e separasse seis cidades que deveriam se tornar refúgio para as pessoas que houvessem cometido um crime acidental. É uma forma de ação divina para que o inocente não seja tratado como um criminoso qualquer, para que a vingança não seja mais grave que o delito. Na cidade refúgio, aquele que cometeu o crime (acidentalmente, sem intenção ou dolo) permaneceria até o momento que fosse julgado de forma imparcial e justa, e ali ficaria em segurança, protegido.

Deus também demonstra incrível compaixão com uma cidade pecaminosa e perversa. Jonas foi enviado a pregar em Nínive (capital da Assíria) e o desejo de Deus era de ver a restauração da cidade, e não suas ruínas. Mesmo que Nínive tenha praticado o mal para o próprio povo de Israel, Deus não queria sua destruição. Jonas, inclusive, ficou revoltado com a compaixão e a misericórdia divina. O texto-chave neste estudo é a fala de Deus para Jonas, quando afirma: "Então eu, com muito mais razão, devo ter pena da grande cidade de Nínive" (Jonas, 4: 11). Deus perdoou a cidade e a salvou, não a destruindo conforme havia prometido anteriormente. Nínive, ao se arrepender, tornou-se palco da misericórdia de Deus.

4.4.2 As cidades como instrumento de exploração

Nessa perspectiva, nosso olhar para a cidade se dá de forma crítica e profética. Algumas vezes a Bíblia relata que cidades foram construídas com fins egoístas e impróprios, em que se buscava a criação ou o fortalecimento de impérios ou nas quais pessoas atribuíam seus nomes às cidades como lugar de ostentação e poder. A cidade era o meio pelo qual pessoas e impérios exploravam seus habitantes e outras regiões circunvizinhas. De fato, não é da infraestrutura da cidade que a Bíblia trata (nesse caso). Os mensageiros bíblicos apontam para a forma como o poder é utilizado nas cidades. Nesse sentido, o profeta Habacuque revela um dos "ais" de Deus, ao dizer que os que edificam cidades com crime e de forma sanguinária sofrerão (Hebreus, 2: 12).

Os relatos das primeiras cidades da Bíblia, com Caim (Gênesis, 4: 17) e Ninrode (Gênesis, 10: 8-12), apontam que o surgimento da primeira cidade na história bíblica e a edificação de outras se deu como fruto de violência, medo, assassinato e, portanto, sob maldição. De acordo com a Bíblia, Ninrode era um homem poderoso e demonstrava tal poder por meio das cidades que era capaz de edificar e conquistar. As cidades relatadas seriam, mais tarde, inimigas do povo de Israel. O relato da construção da Torre de Babel (Gênesis, 11: 1-9) mostra que o povo queria construir uma cidade e que Deus desceu para vê-la. A construção megalomaníaca demonstra uma intenção das pessoas que perdura até os dias de hoje, ou seja, edificar uma cidade como centro de poder, dominação e ostentação. Outras cidades apresentam características semelhantes:

- Gênesis 19 – A violência contra pessoas inocentes em Sodoma e Gomorra. Não houve destruição enquanto Deus não tirou os justos da cidade.
- Durante a escravidão do Egito, o povo de Deus teve que, forçadamente, construir cidades para o Faraó (Êxodo, 1: 11).
- As cidades fortificadas de Canaã se configuravam como grandes fortalezas militares, portanto, de poder e dominação (Deuteronômio, 1: 28, 9: 1).

Os profetas também apresentaram sua indignação pelo modo como a cidade se torna um espaço de corrupção e poder, onde os homens pecam contra Deus e praticam injustiças entre o povo. Nesse sentido, destacamos as profecias de Amós para as cidades e

As cidades na bíblia: perspectivas no antigo e novo testamento

seus líderes: Damasco (1: 3), Gaza (1: 6), Edom (1: 11), Amom (1: 13), Moabe (2: 1), Judá (2: 4) e Israel (2: 6-8).

Os Evangelhos também descrevem Jerusalém não como uma cidade em si, mas como um local de exploração e violência. Por meio dos governantes citadinos (religiosos e civis), os profetas eram mortos e os mensageiros enviados por Deus, apedrejados (Lucas, 13: 34). O alento em todas essas narrativas é que o Senhor sempre intervém para pronunciar Seu juízo e acertar as coisas, afinal, ele é o Senhor de todas as coisas, inclusive das cidades.

4.5 Babilônia: a cidade como centro de poder, pecado e injustiça

A origem da Babilônia é a cidade de Babel (Gênesis, 11: 1-9). Desde seu início, essa cidade revela o interesse de ser o centro de poder arquitetado pelos humanos para dominar a humanidade, sem aprovação e benção divinas. De fato, Babilônia, posteriormente, não será apenas uma simples cidade, mas sim um Império – um grande e poderoso Império. A cidade simboliza um modelo para nós e se configura como o local em que há violência, poder, injustiça, exploração, dominação, pecado, idolatria, arrogância, persuasão, blasfêmia, perversão e perseguição. Hoffmann (2007, p. 47) afirma que "A Babilônia, no Antigo Testamento, e a Roma, no Novo Testamento, simbolizam a cidade como centro de poder militarizado, cruel, cheia de toda a injustiça, idolatria e violência".

Babilônia se torna inimiga de Deus e do povo de Deus. Nela, seus líderes (Imperador) governam e escravizam outros povos. No Novo Testamento, a Babilônia dá lugar a Roma e o seu poder é reconhecido como a ação da grande besta (Apocalipse, 13) e da grande meretriz (Apocalipse, 17). Hoffman (2007) afirma que o domínio final dessa cidade pecaminosa se dá pela força militar (armas e guerras), pelo comércio (mercado e consumo) e pela idolatria (poder e prostituição) contra Deus (Apocalipse, 18: 9-13). A parte mais interessante de tudo isso é que essa cidade será destruída: Deus a destruirá com todo seu poder e pecado (Apocalipse, 18: 20).

A Babilônia atual se caracteriza pelos espaços de exploração, dominação, injustiça e pecado que temos em nossas cidades. E, convenhamos, nossas cidades estão permeadas de tal realidade. Precisamos atender ao chamado de Deus em relação às cidades. Deus tem a palavra final e dele vem a vitória, representada na nova cidade, a cidade que vem do céu, a cidade de Deus.

4.6 Jerusalém: a cidade como centro de justiça, paz e ação divina

Jerusalém, Jerusalém, que mata os profetas e apedreja os mensageiros que Deus lhe manda. Quantas vezes eu quis abraçar todo o seu povo, assim como a galinha ajunta os seus pintinhos debaixo das suas asas, mas vocês não quiseram. (Bíblia de estudo NTLH, 2005. Lucas, 13: 34)

A cidade de Jerusalém é citada pela primeira vez na Bíblia como Salém, a cidade de Melquisedeque (Gênesis, 14: 18). Nos relatos bíblicos, constata-se que Jerusalém foi edificada pelos jebuseus (Juízes, 19: 10). No entanto, é no reinado de Davi que Jerusalém é conquistada, passando a ser uma cidade de destaque nos relatos

As cidades na bíblia: perspectivas no antigo e novo testamento

bíblicos (II Samuel, 5: 6-11). A pequenina Sião se torna a grande Jerusalém. Por meio de Davi, a cidade se torna o centro de adoração a Deus e da bênção divina. Nela o Senhor habita, nela está a Arca da Aliança. Ezequiel (16: 1-14) afirma que o Senhor escolheu e amou a cidade! Isaias afirma que Jerusalém seria a cidade da justiça, ou seja, o lugar onde o padrão de Deus se estabeleceria (Isaías, 1: 21-28).

Figura 4.5 – Jerusalém no Antigo e no Novo Testamento

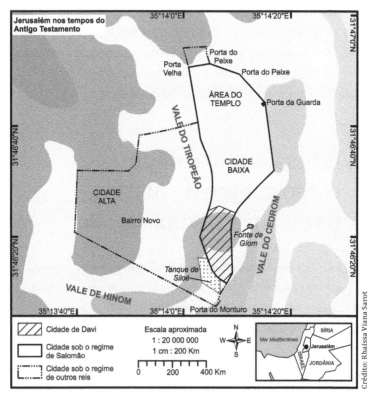

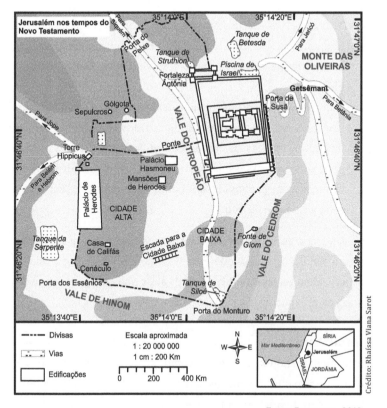

Fonte: Beaumont, 2013.

Jerusalém é um modelo para nós. Dela, advém uma advertência divina para o povo de Deus. Jerusalém é a cidade dos extremos. Inicia-se como bênção e chega a ser considerada como a prostituta Babilônia (Ezequiel, 16). De fato, Salomão, ao mesmo tempo em que construiu nela o Templo, abriu as fronteiras de Jerusalém, transformando-a em uma Babilônia, cheia de idolatria e pecado. Os profetas advertem sobre o grande pecado em que a cidade caiu. Entre vários textos, destacamos alguns:

- Isaias 1: 21-23 – Jerusalém se tornou prostituta e assassina.
- Jeremias 7: 6 – Jerusalém foi destruída porque oprimiu estrangeiros, órfãos e viúvas e agiu com violência contra pessoas inocentes.
- Ezequiel 22: 6-7, 12 – Jerusalém desprezou os pais, oprimiu os estrangeiros, os órfãos, as viúvas e agiu violentamente contra inocentes; as pessoas corromperam-se com subornos para a prática do mal, assassinaram inocentes, cobraram juros e obtiveram lucros e ganhos injustos por meio de extorsão. Além disso, esqueceram-se de Deus.

A história de Jerusalém é o relato de uma cidade que sai da benção para a maldição como cidade. Para Hoffmann (2007, p. 24), a cidade de Jerusalém retrata "uma história de altos e baixos, de bênção e de juízo, de prosperidade e ruína, de edificação e destruição".

Importante!

Jerusalém tornou-se conhecida como "a cidade santa" (embora a expressão seja usada apenas sete vezes na Bíblia para se referir à Jerusalém histórica), por causa de sua associação com o santo templo onde Deus habitava. Entre outros termos usados para se referir a Jerusalém, estão *santo monte* (por exemplo, Salmo 2: 6; Daniel 9: 16; Joel 3: 17) e *monte do Senhor* (Isaías 2: 2-3; Miqueias 4: 1-2), uma referência ao monte Sião, o coração da cidade antiga, ou simplesmente (e muito mais comum) "Sião" (por exemplo, Salmo 9: 11-14; 48: 9-14).

Fonte: Beaumont, 2013.

Já nos evangelhos, percebemos que Jesus demonstra inconformidade com a realidade de Jerusalém, pelo fato de que a cidade antes considerada terra de paz tinha se tornado em covil de salteadores (Mateus, 21: 13). No evangelho de Lucas (13: 31-34), Deus descreve uma Jerusalém que rejeita os profetas e que naquele momento rejeitava o próprio Jesus, o Messias, o Príncipe da Paz. Há uma escolha: a cidade optou pelo poder romano em vez do Reino de Deus. Jesus efetiva um olhar que concomitantemente apresenta juízo e misericórdia. Ele ressalta que tais atitudes e qualidades espirituais do povo levarão a cidade à destruição. Jerusalém evidencia essa perspectiva ao perder seus propósitos no caminho e ao se prostituir perante os impérios da época; por isso, ela é alvo do juízo divino. O império romano, por volta do ano 70 d.C., atacou Jerusalém com as tropas do general Tito, arrasando com a cidade.

No entanto, no relato de Atos dos Apóstolos, temos que em Jerusalém Deus cumpre sua promessa derramando o Espírito Santo nos que estavam presentes no cenáculo, aguardando na cidade (Lucas, 24: 52-53) – tem início um novo momento na história dos primeiros cristãos. E é a partir de Jerusalém que há uma ordem de evangelização; de Jerusalém para o mundo inteiro (Atos dos Apóstolos, 1: 8).

Finalmente, Jerusalém é revelada no Apocalipse como a cidade santa, a cidade de Deus, a nova morada preparada para os filhos de Deus. João a descreve em detalhes arquitetônicos, urbanísticos e celestiais. É a cidade recriada para servir de moradia justa, digna e eterna para o povo de Deus. Ela é uma inspiração para a ação nas cidades atuais. É a cidade no padrão divino, a cidade que desce do céu e que não foi manipulada pelo orgulho humano. Nela não haverá

As cidades na bíblia: perspectivas no antigo e novo testamento

mais dor, sofrimento, choro ou morte. É um novo céu e uma nova terra que se inspira em uma nova cidade. Hoffmann (2007, p.30) afirma que Jerusalém "foi escolhida pelo Senhor como âmbito para a realização da plenitude do Reino de Deus. Não haverá uma volta ao Jardim do Éden. A Nova Jerusalém representa o futuro, nela a nova humanidade, criada em Cristo, experimentará sua plenitude".

O desafio para uma teologia relevante e para uma ação significativa da igreja na cidade se dá através da leitura bíblica de que a Nova Jerusalém não é uma cidade somente do futuro. O cristão vive o "já e o ainda não". Ele olha para o futuro e espera pela nova cidade – ou seja, há, concomitantemente, o ato de esperar. Enquanto aguarda, reflete a vida da futura cidade celestial nos dias de hoje. Somos cidadãos do céu e da terra ao mesmo tempo. Ansiamos pela Nova Jerusalém, lutando pela nossa terra e fazendo com que a cidade gloriosa não seja apenas a morada futura, mas seja, de fato, inspiração para a nossa caminhada teológica e de fé na cidade de hoje.

Figura 4.6 – Jerusalém

Crédito: Dmitry - Fotolia

Texto complementar

A Bíblia e a cidade

Os principais problemas ou desafios enfrentados pelas cidades são: violência, degradação dos centros, ar poluído, enchentes e falta de lugar para dispensar o lixo. A maior consequência gerada por esses problemas é a devastação ambiental. A poluição dos rios, aliada à destruição das matas e das reservas ecológicas, a fim de produzir alimentos para a população, é algo avassalador. Deve-se sempre ter em mente que, para alimentar cada habitante da cidade, é necessário produzir 3 vezes mais que o produzido para alimentar um homem no campo. O desejo, em parceria com o desperdício, exige uma produção constante, acarretando o uso de meios artificiais para manter os produtos na mesa da população, mesmo fora da época propícia.

Por outro lado, os centros urbanos, com seus habitantes cada vez mais educados e remunerados, também parecem ser uma fonte de ideias inovadoras para melhorar a vida no planeta. Para a socióloga holandesa Saskia Sassem, da Universidade de Columbia, nos Estados Unidos, esses conglomerados urbanos, pela influência econômica e política global, também aumentam a produtividade humana, permitindo que as pessoas se encontrem para trocar ideias e gerar iniciativas revolucionárias.

Por volta do ano de 1.300 a.C., uma iniciativa revolucionária, na forma de escrita, surgiu na costa oriental do Mar Mediterrâneo. O alfabeto fenício, com 22 letras, era flexível o suficiente para escrever qualquer palavra. Ao simplificar a leitura, abriu um novo caminho para a disseminação do conhecimento em várias terras.

As cidades na bíblia: perspectivas no antigo e novo testamento

••

A, B, C, D, E... Sem saber, alunos de hoje que recitam as letras do alfabeto estão repercutindo sons que viajaram milênios, vindos de Biblos, a cidade da antiga Fenícia, hoje Líbano, onde a primeira forma de escrita alfabética foi introduzida. No século seguinte, o uso do alfabeto já parecia estar difundido na região de Biblos. Os gregos usavam a palavra *Biblos* para designar a cidade e a sua principal mercadoria: o **papiro do Egito**. Mais tarde, usaram a palavra *biblía* para designar livros. Daí se origina a palavra portuguesa.

É exatamente no primeiro livro da Bíblia (Bereshit, que na versão grega do "Antigo Testamento" foi chamado de *Gênesis*, tradução precisa, termo que significa "começo"), um dos primeiros livros escritos fazendo uso da nova e revolucionária ideia – o alfabeto de 22 letras –, que está registrada a história da fundação da **primeira cidade**. Uma história que mostra a mesma realidade das cidades atuais: violência, degradação e devastação.

Examinando o Capítulo 4 do livro de Gênesis, facilmente concluimos que:

1 – Caim reconheceu ser o assassino de Abel, o motivo pelo qual Yahweh o condenou a ser banido do "Solo Fértil" e a viver "errante" sobre a terra.

2 – A principal consequência do *modus vivendi* de Caim foi a construção e a fundação da "primeira cidade", mostrando ser ela "solo improdutível", assim como um "local de exílio". Essa mesma explicação aparece também em Gênesis 47: 13 a 26, quando José adquire todas as terras do Egito para o Faraó, à época dos sete anos de escassez (o sonho das vacas magras). A Bíblia diz: quanto aos homens, "Ele os reduziu à servidão", de uma extremidade a outra do território egípcio. O texto entre aspas vem do hebraico, língua na qual o livro de Gênesis foi originalmente escrito.

••

Teologia das cidades

3 – Caim, ao construir a primeira cidade, tornou-se o pai dos pastores, dos músicos, dos ferreiros e das mulheres alegres de vida fácil – Noemá –, responsáveis pelas comodidades e prazeres da vida urbana. Esses progressos são atribuídos à linhagem de Caim, o "amaldiçoado"; a mesma condenação da vida urbana é encontrada no pós-dilúvio, por ocasião da construção da Torre de Babel, em Gênesis 11, 1-9.

4 – A declaração de Lameque a suas esposas, Ada e Selá, é uma espécie de "canto selvagem" que honra a si mesmo como um "herói do deserto" e também exalta a crescente violência da descendência de Caim.

Ao olharmos para os problemas vividos pela população das megalópoles do século XXI, constatamos uma reprodução fiel da narrativa de Gênesis, Capítulo 4. A violência, os prazeres mundanos, a escravidão ao trabalho, a degradação do ser humano e a desconsideração pela vida foram a "semente" plantada por Caim, que se constitui nos frutos que alimentam a população atual.

Seguindo essa linha de raciocínio, não é muito difícil perceber que, apesar de a devastação ambiental acontecer em vários lugares, sua causa primária está localizada na cidade. Como foi no "passado", como é no "presente" e tal como será no "futuro", a causa inicial de todos os tipos e de todas as formas de devastação é a "corrupção da natureza humana", que se manifesta em uma "rebeldia" contra Yahweh (Deus). Destrói-se, sem discriminação, de modo direto e indireto, tudo o que Ele criou, em contraste com a exaltação do eu, que busca eliminar tudo o que coloca em risco a plenitude do prazer humano.

Fonte: Adaptado de Faria, 2011.

Atividades de autoavaliação

1. Você entende que a Bíblia tem um papel importante para as cidades da história da ação de Deus? Explique.

2. A origem das cidades na Bíblia se dá a partir de que realidade?

3. Qual a mensagem dos profetas para as lideranças religiosas e monárquicas das cidades?

4. Qual era a principal característica de Jesus em seu ministério urbano?

5. Qual foi a importância das cidades para a ação dos apóstolos?

6. Faça uma comparação atual entre o que representaria Babilônia e Jerusalém em sua cidade, nos dias de hoje. Ou seja, o que há de mal e o que você acha que pode ser desenvolvido em sua cidade para que ela seja uma imagem da Jerusalém futura?

Anotações

capítulo cinco

Refletindo sobre uma teologia para a cidade: desafios e perspectivas da pastoral urbana

Assim como o Pai me enviou, eu também, envio vocês. (Bíblia de estudo NTLH, 2005. João, 20: 21)

O Senhor me deu o seu Espírito. Ele me escolheu para levar boas notícias aos pobres e me enviou para anunciar a liberdade aos presos, dar vista aos cegos, libertar aos que estão sendo oprimidos e anunciar que chegou o tempo em que o Senhor salvará o seu povo.
(Bíblia de estudo NTLH, 2005. Lucas, 4: 18-19)

O futuro da igreja está entrelaçado com a postura que ela pretende tomar hoje! A igreja pode escolher ficar em volta de si mesma ou sair de suas quatro paredes. Ela não precisa perder sua ligação com a denominação, muito menos deixar de desenvolver suas atividades voltadas para o ambiente interno. O que a igreja não pode deixar de fazer é olhar para o mundo e ver quantos desafios existem ao seu redor. Há muito o que fazer e, se a igreja quer ser relevante na cidade, será necessário fazer muito mais do que simplesmente abrir suas portas em algumas noites ou dias da semana para cantar algumas músicas, ofertar e ouvir um bom sermão.

A imagem a seguir mostra três frases pichadas em vermelho na parede de uma igreja na cidade de Santa Helena, localizada na Região Oeste do Paraná e que tem pouco mais de 23 mil habitantes: "Deus é *gay*", "Pequenas Igrejas, Grandes Negócios" e "*fuck the religion*". Sabemos que existem muitos fatores envolvidos, mas o que chama a atenção é a falta de respeito para com a igreja na cidade e a percepção que a sociedade (parte dela, pelo menos) tem da igreja.

Figura 5.1 – Igreja pichada

A missão é de Deus e a igreja coopera nessa missão (I Coríntios, 3: 9). O evangelista João aponta para uma comissão diferenciada dos relatos nos evangelhos sinóticos. Ele apresenta Jesus enviando a sua igreja para o mundo da mesma forma como ele foi enviado do Pai. Já em Lucas, Jesus relata como ele foi enviado: foi escolhido por Deus e recebeu o Espírito Santo para fazer a diferença entre os diversos setores da sociedade da época. Como vimos no capítulo anterior,

Jesus realizou um ministério itinerante e transformador. Ele não permaneceu de forma estática no tempo, com horários programados para seus sermões. Ele foi ao encontro do cego, do oprimido e de tantas outras pessoas! Sua pastoral urbana transformou a vida de muitos! O tempo chegou e cabe à igreja anunciar que o Senhor está salvando o seu povo nas cidades!

Neste capítulo, refletiremos sobre algumas áreas que constituem um desafio à ação da igreja na cidade. Obviamente, não será possível descrever todas as necessidades implicadas. Elas são muitas e cada igreja/pessoa pode refletir como está a realidade à sua volta. No entanto, constam nesse capítulo alguns desafios que dizem respeito a todos em todas as cidades. Precisamos agir para que o nosso discurso não seja vazio e para que não venhamos a nos distanciar cada dia mais da realidade. Teologizar sobre a cidade significa, também, refletir e agir em prol do anúncio do evangelho. E a pregação do evangelho é o anúncio do Reino de Deus no mundo presente, nas cidades em que vivemos.

5.1 A missão integral a partir da *Missio Dei*: a missão de Deus na cidade

Ganhar almas. Se você é um cristão, possivelmente já ouviu essa expressão em algum lugar. Na verdade, essa expressão é utilizada para identificar aqueles que procuram levar o Evangelho de Jesus Cristo para as pessoas que ainda não o conhecem. E isso é bom, não há dúvida. No entanto, essa frase expressa, conscientemente ou não, um pouco da maneira como enxergamos a proclamação do evangelho em nossos dias. Para muitos, a Igreja deve se preocupar com a salvação da alma do indivíduo. Se sobrar tempo ou recursos, a igreja poderá ajudá-lo com uma cesta básica ou oferecer outras diversas formas de assistencialismo que conhecemos. Agir de tal forma, às vezes, é necessário. No entanto, invariavelmente, a Igreja não deveria ser levada pela prática do paternalismo e assistencialismo paliativos, mas partir sempre para uma ação transformadora, do indivíduo e da sociedade, para a honra e a glória de Deus.

Ganhar almas é bom, não tenha dúvida, mas parece-nos que a Bíblia apresenta uma forma de redenção do ser humano que vai muito além. Deus, por meio da Bíblia, enxerga no ser humano um ser completo, íntegro, holístico, e não somente a sua alma ou a sua vida espiritual. Uma vez alguém disse que esse tipo de proclamação que só valoriza a alma é um "evangelho gasparzinho", relacionando essa prática a um personagem fantasma muito conhecido pelas crianças de alguns anos atrás.

Um evangelho que se preocupa somente com a alma é extremo. Mas temos também o outro lado, isto é, uma teologia que procura alcançar o ser humano na perspectiva de libertá-lo dos problemas estruturais mais severos da sociedade e nada mais. Numa análise mais superficial, é claro que ambos os lados têm uma boa intenção e são válidos até certo ponto. Mas sabemos que o propósito de Deus para o ser humano é muito maior. É justamente nessa perspectiva que surge o tema da Missão Integral.

Mas, o que é *Missão Integral*? Primeiramente devemos tentar definir o que é *missão*, e aí está um grande desafio. O conceito é amplo e não cabe discorrer uma análise missiológica ou teológica neste momento. Existem valiosos tratados sobre o assunto que contribuem para uma melhor compreensão do tema. Todavia, basicamente, devemos considerar a missão como parte da *Missio Dei*, isto é, da Missão de Deus.

Refletindo sobre uma teologia para a cidade: desafios e perspectivas das pastoral urbana

Para melhor compreender as implicações sobre "a missão", é necessário entender, inicialmente, a manifestação do amor de Deus pela humanidade. Como bem escreveu o evangelista João, Deus amou tanto o mundo que enviou o seu único filho para salvá-lo. Na verdade, Ele amou antes de tudo, antes mesmo da fundação do mundo. A missão, portanto, começa em Deus. Inicia-se, de fato, na Sua manifestação como aquele que ama o mundo de forma especial, indizível e integral. E é fundamentando neste amor de Deus que Ele envia seu povo para a missão, isto é, a igreja, como corpo de Cristo, é enviada por Deus, manifestando a Sua presença e amor no mundo. Sendo assim, a missão não é, inicialmente, uma ação da igreja, mas sim um atributo de Deus.

A missão de Deus é a principal; as missões (projetos de expansão das igrejas) são auxiliares, pois emanam da missão divina. Portanto, se a missão é de Deus, ela envolve o mundo, a igreja, a cidade e tudo o que possa estar relacionado a essa perspectiva. A igreja coopera com Deus na prática missionária.

No livro *A Missão como Obra de Deus*, Georg Vicedom (1996) apresenta com propriedade o conceito de missão com base nos aspectos doutrinários da salvação. A missão não se constitui, simplesmente, em uma atividade eclesial como forma de obedecer ao "ide" de Jesus, mas é, também, a participação na missão do Filho, por meio da Missão de Deus, com a finalidade de estabelecer o Reino de Deus e o senhorio de Jesus Cristo sobre as cidades, em todas as esferas possíveis. Nesse sentido, a missão inicia-se no Deus que envia, que é o alicerce principal, o enviado por meio de Jesus Cristo. Posteriormente, esse mesmo Jesus envia o Espírito e ambos enviam a Igreja para que a obra salvadora de Deus se concretize integralmente no mundo.

A missão da igreja é, portanto, um reflexo da e na *Missio Dei*. Tudo o que a igreja faz, seja em serviço, seja em proclamação ou em ação, deve estar vinculado ao que Deus fez e faz no mundo. Para reforçar essa perspectiva, Vicedom (1996, p. 107) resume:

> *A missão como obras da misericórdia divina, que Deus iniciou através do envio de seu Filho, é continuada por ele agora ao incumbir sua comunidade, por meio de seu enviado, da propagação e da proclamação de sua vontade salvadora. Assim o Senhor dá a ordem missionária... [porém] esse serviço da Igreja somente é possível porque ela mesma experimentou compaixão através da ação redentora do Filho de Deus e agora representa a comunidade dos crentes e justificados... Por conseguinte, esse serviço é engajamento na atuação de Deus, obediência da fé, não estar desligado de Deus, mas ser tomado por ele, não é algo que é acrescentado à ação de Deus, mas é submeter-se ao agir de Deus.*

Dessa forma, a missão se estabelece em uma concepção significativa e diferenciada. A ação missionária deixa de ser percebida exclusivamente numa perspectiva soteriológica (ganhar ou salvar almas), expansionista (crescimento da denominação em diversos lugares) ou cultural (apresentar a forma que as pessoas em meu país vivem o cristianismo ou a religiosidade). A missão é de Deus, e somente dEle. E Ele, em sua ação trinitária, por meio do seu amor, alcança o mundo todo. A igreja é, de forma privilegiada, coadjuvante na missão.

frases

Missão é ação que exige explicação e resposta.

Fonte: Ibab, 2012.

Essa perspectiva de missão é clara e objetiva na Palavra de Deus. É Deus que realiza a obra de criação e redenção do ser humano. Ele é o maior e o principal interessado, a ponto de enviar seu Filho ao encontro do ser humano e do mundo. Não existe, portanto, a missão da igreja, mas é a Missão de Deus que inclui a igreja na *Missio Dei*. Por isso, podemos entender que essa missão se estabelece no projeto de Deus de resgatar as cidades em todas as suas dimensões.

A *Missio Dei* se caracteriza, então, como uma missão que começa e termina em Deus e por Deus. A missão para a igreja está baseada na cooperação com o que Deus está realizando, por sua graça, neste mundo. Assim sendo, a igreja que está em missão não poderá realizá-la sem perceber a cidade com todas as suas necessidades, se não for com os olhos de Deus.

A missão, portanto, é de Deus e nós somos cooperadores dele na execução dessa obra (I Coríntios, 3: 9). Nessa perspectiva, podemos considerar, então, que a evangelização e a responsabilidade social são partes integrantes da *Missio Dei*, e, portanto, inseparáveis e indispensáveis na missão de Jesus Cristo no mundo e para o mundo.

Com base nesses pressupostos, podemos entender, então, que a Missão integral é a forma de realizar tudo aquilo que Deus enviou e confiou à sua igreja para fazer, de forma completa, integral e total, vivendo o evangelho todos os dias e não somente aos domingos, ocupando-se e preocupando-se com as necessidades das outras pessoas, sejam elas quais forem. Na Missão Integral, a preocupação é com o bem-estar físico, social, material e espiritual do ser humano nas cidades.

5.2 As famílias da cidade: o grande desafio pastoral urbano

Família é um tema que está na moda. Toda sociedade está discutindo o assunto, desde as novelas até as leis do Congresso Nacional. E o que constatamos é que há uma crise na família. As gerações não se entendem e as profecias bíblicas se cumprem. Os noticiários do ano de 2013 (não diferente de outros anos) confirmaram a advertência bíblica dos "pais contra filhos e filhos contra pais": Marcelo Pesseghini, um menino de 13 anos, matou os pais, a avó e a tia-avó no dia 4 de agosto de 2013 em São Paulo-SP (Após..., 2014). Logo depois, uma mãe de 53 anos matou suas duas filhas (13 e 14 anos) no dia 14 de setembro, também em São Paulo (Tomaz, 2014).

Os dados do IBGE de 2011 (Benevides, 2012) sobre divórcio constatam que:

- o divórcio aumentou 46% em um ano;
- 1.026.000 casamentos foram registrados no ano;
- 350 mil casamentos chegaram ao fim;
- recasamentos representam 20% das uniões.

Além disso, já destacamos a destruição que as drogas estão causando nas famílias, o que não ocorre apenas em classes menos favorecidas, mas envolve todas as famílias, de todas as classes, em todas as cidades.

Percebemos que a família de hoje é disfuncional, na qual os conflitos e a má-conduta dos membros levam à acomodação (tudo passa a ser normal). A comunicação e o diálogo estão precários. As pessoas estão conectadas nas redes, mas desconectadas entre

Refletindo sobre uma teologia para a cidade: desafios e perspectivas das pastoral urbana

si! A forma ou a falta de comunicação tem um impacto muito grande na saúde integral dos membros das famílias. Elas não dialogam, não se reúnem! E quando isso ocorre, é somente em festas ou velórios. Há uma divergência de valores no seio familiar.

O Congresso Nacional, de forma dissimulada, discute e quer interferir na família. Vejamos:

- Lei da Palmada é o nome dado pela imprensa brasileira ao Projeto de Lei n. 7672, de 16 de julho de 2010 (Brasil, 2010), da Presidência da República brasileira, proposto ao Congresso Nacional Brasileiro, que visa proibir o uso de castigos físicos ou tratamentos cruéis ou degradantes na educação de crianças e adolescentes. Concordamos com a ideia de que a criança não pode sofrer maus tratos ou castigos. Mas quem define o que é educar e como se educa é a própria família!
- Projetos de Lei, como a PL n. 122, sob o disfarce de um "Brasil sem discriminação", não permitirão que a igreja defenda seus valores e conceitue o que é uma família e como ela é formada.

Enfim, a família que vive nas cidades está pródiga. Ao estudar a família numa perspectiva sociológica, pressupomos o fato de que toda sociedade reconhece a família como instituição e como grupo social básico. A família é, de fato, a instituição à qual devemos nossa humanidade. Porém, a nova sociedade não é favorável à proposta divina em relação à família. Nesse sentido, a igreja é profeta para essa realidade. Ela pode oferecer uma visão cristã, sadia, bíblica e não excludente para a família brasileira. A igreja precisa começar fazendo a lição de casa, ajustando as famílias que se encontram na igreja e, assim, partir para uma ação bíblica e relevante nas famílias que vivem em nossas cidades.

5.3 Uma teologia cidadã

Exerçam a sua cidadania de maneira digna do evangelho de Cristo.
(Bíblia NVI, 2000. Filipenses, 1: 27)

Esse é um assunto pouco discutido em nossas igrejas, mas ele é muito importante e tem tudo a ver com o nosso tema. Cidadania tem a ver com cidade. O termo *cidadania* (do latim, *civitas*, "cidade") se refere ao conjunto de direitos e deveres ao qual um indivíduo está sujeito em relação à sociedade em que vive. O conceito está vinculado à noção de direitos e deveres que permitem ao indivíduo participar na vida pública e na ação do Estado. Para o Ministério Público Federal (MPF) – Procuradoria Federal dos Direitos do Cidadão, ser cidadão é:

> *Ter direito à vida, à liberdade, à propriedade, à igualdade perante a lei: ter direitos civis. É também participar no destino da sociedade, votar, ser votado, ter direitos políticos. Os direitos civis e políticos não asseguram a democracia sem os direitos sociais, aqueles que garantem a participação do indivíduo na riqueza coletiva: o direito à educação, ao trabalho justo, à saúde, a uma velhice tranquila. Exercer a cidadania plena é ter direitos civis, políticos e sociais. É a qualidade do cidadão de poder exercer o conjunto de direitos e liberdades políticas, socioeconômicas de seu país, estando sujeito a deveres que lhe são impostos. Relaciona-se, portanto, com a participação consciente e responsável do indivíduo na sociedade, zelando para que seus direitos não sejam violados.* (Brasil, 2011)

Assim sendo, a ação e o exercício da cidadania implicam a participação no destino da cidade. Considera-se, assim, que de forma ideológica e terminológica a cidade, a cidadania e o cidadão são indissociáveis. Teologicamente falando, Hoffmann (2007, p. 50) ressalta que "cada cristão é portador de uma dupla cidadania: ele é cidadão de seu país e é cidadão do Reino de Deus". E é por isso que o comprometimento com o Reino de Deus se concretiza no exercício da cidadania em cada cidade, em cada comunidade na qual os duplos cidadãos (do céu e da terra) congregam e vivem, de forma digna e espiritualizada. O cristão não vive alienado, ele participa ativamente dos assuntos relacionados à sua cidade, assim como Jesus o fez, realizando seu ministério de forma integrada e inserido no contexto social, político e religioso de sua época.

Uma das formas mais significativas para o exercício da cidadania é por meio da participação nos conselhos municipais, estaduais e federais. A participação pode ser individual, feita por qualquer cidadão, ou por um grupo de pessoas. Os conselhos gestores de políticas públicas são canais efetivos de participação que permitem estabelecer uma sociedade na qual a cidadania deixe de ser apenas um direito, mas se torne uma realidade. A importância dos conselhos está no seu papel de fortalecer a participação democrática da população na formulação e implementação de políticas públicas. E aqui há algo importante. Muitos projetos de lei são discutidos anteriormente nos conselhos, e por isso a igreja não pode ficar ausente desse processo. Ela precisa enviar representantes que são duplos cidadãos e que se preocupam com o caminho que a cidade está trilhando.

Cada cidade tem a sua especificidade, mas vejamos como exemplo uma lista de conselhos municipais da cidade de Curitiba-PR (2015):

- Conselho Municipal de Acompanhamento e Controle Social
- Conselho Municipal de Alimentação Escolar
- Conselho Municipal de Assistência Social

- Conselho Municipal da Condição Feminina
- Conselho Municipal de Cultura
- Conselho Municipal dos Direitos da Criança e do Adolescente
- Conselho Municipal dos Direitos da Pessoa Portadora de Deficiência
- Conselho Municipal dos Direitos da Pessoa Idosa
- Conselho Municipal da Educação
- Conselho Municipal do Meio Ambiente
- Conselho Municipal de Política Étnico Racial
- Conselho Municipal de Políticas Sobre Drogas
- Conselho Municipal de Saúde
- Conselho Municipal de Segurança Alimentar e Nutricional
- Conselho Municipal do Urbanismo
- Conselho Municipal de Transporte
- Conselho Municipal de Proteção aos Animais

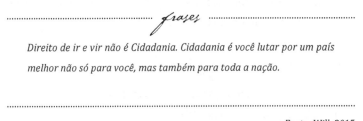

Direito de ir e vir não é Cidadania. Cidadania é você lutar por um país melhor não só para você, mas também para toda a nação.

Fonte: Will, 2015.

O ideal é que cada igreja busque os conselhos que atuam em suas cidades. Em qual delas sua igreja pode enviar representantes? Uma teologia para as cidades se exerce, também, com a participação da igreja, como uma agência a serviço do Reino de Deus, que cuida da cidade e vigia seus governantes para que exerçam sua função de acordo com os princípios cristãos e universais da justiça e da paz!

5.4 Educando para transformar cidades

Eduque a criança no caminho em que deve andar, e até o fim da vida não se desviará dele. (Bíblia de estudo NTLH, 2005. Provérbios, 22: 6)

A Lei de Diretrizes e Bases da Educação Nacional – LDBEN (Lei n. 9.394, de 20 de dezembro de 1996), em seu art. 1º, conceitua que: "A educação abrange os processos formativos que se desenvolvem na vida familiar, na convivência humana, no trabalho, nas instituições de ensino e pesquisa, nos movimentos sociais e organizações da sociedade civil e nas manifestações culturais" (Brasil, 1996). Nessa perspectiva, educar é cooperar para o pleno desenvolvimento do homem integral (espírito, alma e corpo), promovendo um crescimento contínuo na qualidade de seu caráter, fazeres, saberes e relacionamentos (Germano; Seibert, 2011). A educação é necessária na cidade, na sociedade, na igreja, na família etc.

Educação não transforma o mundo. Educação muda pessoas. Pessoas transformam o mundo. (Freire, 1996)

Educação nunca foi despesa. Sempre foi investimento com retorno garantido. (Lewis, 2015)

O cristianismo, e mais precisamente a Reforma Protestante, foram os grandes incentivadores da educação. Entre tantas lutas sociais promovidas por Lutero, talvez a mais significativa tenha sido o direito do povo de ter acesso à educação. O reformador acreditava que a educação era o melhor meio para a sociedade ter cidadãos éticos. Monroe (1979, p.179) destaca que "Lutero via claramente a importância fundamental da educação universal para a Reforma e a preconizou insistentemente em suas pregações. O ensino deveria chegar a todo o povo, nobre e plebeu, rico e pobre; deveria beneficiar meninos e meninas".

A educação para Lutero não era somente uma questão religiosa, havia também uma preocupação com o desenvolvimento integral da pessoa. O pensamento de Lutero produziu uma reforma global no sistema de ensino alemão, que inaugurou a escola moderna. Seus reflexos se estenderam pelo Ocidente e chegaram aos dias de hoje. E foi por isso que a estratégia de Lutero de empenhar-se na educação favoreceu a sua pregação, pois além de suprir as necessidades da alma, possibilitou a inclusão social do povo, tornando-o mais justo e sábio. De fato, todos os países que receberam influência da mensagem protestante tiveram avanços significativos em educação, economia e políticas sociais.

A igreja deve se preocupar com a educação, seja ela cristã, seja para a sociedade de forma geral. Acrescenta-se, ainda, a importância e a centralidade das Escrituras para a educação integral do indivíduo nos dias atuais, tendo como referencial o seu lugar nos principais espaços educativos. A educação na igreja (templos, casas, salões etc.) se identifica com a educação na sinagoga dos tempos bíblicos, uma vez que esse espaço educativo contribui (e não substitui) o fortalecimento dos valores morais, sociais e espirituais aprendidos na família.

Educação e teologia são assuntos que andam juntos. Para promover a educação do povo, os judeus criaram a sinagoga. Lá, eles estudavam princípios de vida familiar, social e espiritual (Marcos, 6: 2). A educação, assim, torna-se fundamental para que a igreja seja sadia e relevante, contribuindo com a sociedade. A igreja pode

Refletindo sobre uma teologia para a cidade: desafios e perspectivas das pastoral urbana

contribuir ensinando valores, princípios de vida, ética e moral. A interação e a cooperação entre a família, a igreja e a escola na educação de nossas crianças, jovens e adultos, tendo por fundamento os princípios norteadores da Bíblia Sagrada, promovem boas famílias, uma boa sociedade e uma boa Igreja.

5.5 Desenvolvimento comunitário

Segundo Ware (1968, p. 1964), *desenvolvimento comunitário* é "O processo através do qual o próprio povo participa no planejamento e na realização de programas que se destinam a elevar seu nível de vida. Isso implica a colaboração indispensável entre os governos e o povo, para fazer esquemas de desenvolvimento eficazes, viáveis e equilibrados".

Já constatamos, em capítulos anteriores, o caos moral, social e urbano em que se encontram nossas cidades. Pois bem, é com base nessa realidade que recebemos o desafio de nos moldarmos (sem se conformar) à realidade dos tempos hodiernos. A questão norteadora é: Como enfrentar no contexto a realidade desses tempos em que vivemos sem, no entanto, perder nossa identidade cristã e mantendo a nossa fé? Como fazer a diferença nesse mundo sem se contaminar por ele? O desenvolvimento comunitário, desenvolvido a partir das ações da igreja, ajuda-nos a dar uma resposta.

A igreja possui um templo que normalmente abre no período noturno, em alguns poucos dias da semana. Durante o dia, com raras exceções, os templos são mal utilizados. A igreja pode utilizar sua infraestrutura, seu templo, refeitórios, cozinhas, salas etc., para desenvolver projetos que promovam o desenvolvimento social na cidade onde está inserida. Uma vida de serviço responde ao chamado de Deus, que nos convida a ser um canal por meio do qual seu amor alcança o mundo. A igreja precisa oferecer respostas e alternativas que viabilizem e melhorem a vida da sociedade.

frases

As estratégias para alcançarmos os nossos alvos no intuito de gerarmos desenvolvimento e transformação, poderão variar de lugar para lugar, dependendo do contexto, dos potenciais, das necessidades e recursos disponíveis. (Cunha, 2003)

O desenvolvimento comunitário pode ser um extraordinário meio de transformação do caos social, porque é um modo de encarar a complexidade dos problemas humanos sob uma análise integral, ou seja, o desenvolvimento comunitário considera o ser humano de maneira holística e completamente envolvido na sociedade da qual faz parte. Nessa fé e esperança, a igreja pode caminhar comprometida com a transformação da sociedade, vivendo e anunciando o evangelho da justiça para todas as pessoas que vivem nas cidades, demonstrando em ação o amor cristão colocado em prática para com todos. Afinal, nós somos o sal da terra e a luz do mundo.

A última parte deste capítulo indicará alguns passos para a implementação de um projeto de desenvolvimento comunitário.

5.6 Capelania cristã

A assistência religiosa nas entidades civis e militares de internação coletiva é um dispositivo previsto na Constituição Federal de 1988, art. 5º, VII, e art. 210, parágrafo 1º. Ela ocorre em hospitais, presídios ou até mesmo em contextos sociais que necessitam de uma ação espiritual, como escolas, organizações etc. A capelania pretende oferecer apoio espiritual, emocional e social, com base na Palavra de Deus, para as pessoas que se encontram nesses locais.

Nesse sentido, segundo definição da Ordem dos Capelães Evangélicos do Brasil, *capelania* é o exercício da função extrapastoral que visa à assistência espiritual, enfocando a pessoa do Senhor Jesus Cristo no contexto do Reino de Deus, e não apenas de um grupo religioso. É levar a fé, a esperança e o amor aos necessitados, aos que estão em crise. É o ministério do amor (Mateus, 25: 35-36); é uma visão bíblica. As dimensões da capelania são:

- Prestar assessoria espiritual especializada sem foco denominacional.
- Encorajar pessoas nas situações de conflitos, distúrbios e dúvidas.
- Prestar aconselhamento bíblico integral que propõe a restauração emocional, psicológica, espiritual, social, familiar e relacional.
- Dar apoio espiritual, psicológico e profissional para que as pessoas encontrem o sentido da vida.

A igreja na cidade pode participar ativamente do ministério de capelania. É uma forma de desenvolver uma ação transformadora com a convicção de que Deus estará levando, por meio da sua Palavra, a oportunidade de uma libertação espiritual total. Todo cristão é vocacionado, tendo a missão de testemunhar e de pregar o Evangelho do Senhor Jesus Cristo, porém a pessoa precisa saber como. Assim também é na capelania: existem várias áreas de atuação, e cada pessoa tem aptidões para uma ou mais áreas (Mateus, 28: 18-20).

5.7 Contextualização

Todos nós sabemos quão necessário é que a Palavra de Deus alcance a nossa sociedade de forma geral: a família, a escola, a cultura, o trabalho, o nosso tempo livre e os outros segmentos da sociedade. Para tanto, precisamos levar o evangelho de forma que cause impacto e transformação nos ouvintes. A missão tem uma perspectiva vertical, com Deus, mas resulta em um compromisso com a criação e com o ser humano em particular, numa perspectiva horizontal.

De fato, a ação da igreja deve influenciar todos os contextos da sociedade em todos os momentos. Para cada necessidade, situação ou contexto, Jesus agia e reagia de determinada forma com muita criatividade. Além do contexto geográfico, a missão envolve contextos sociais, econômicos e políticos, procurando transformar o ser humano e a sociedade em todas as dimensões possíveis. Nossa pregação não pode estar distanciada ou isolada da cultura ou do contexto urbano.

Com a queda, a cultura do homem foi manchada pelo pecado. Com a missão de Deus, podemos resgatar o homem e a cultura colocando-os sob o senhorio de Cristo (II Coríntios, 5: 18-19). De fato, alguns aspectos da cultura são incompatíveis com a vida cristã, mas há outros que podem ser transformados consoantes com a vontade de Deus. Para tratarmos desse conceito, podemos estabelecer uma relação com um assunto paralelo. Trata-se da cosmovisão cristã, uma linha de pensamento que procura trazer o cristianismo a uma

Refletindo sobre uma teologia para a cidade: desafios e perspectivas das pastoral urbana

percepção integral do mundo, da cultura, da arte, da vida e do pensamento, pois toda a Terra é do Senhor e na cruz ele trouxe de volta a si todas as coisas. Todas as coisas, no céu ou na terra, deverão se submeter ao senhorio de Cristo.

O Apóstolo Paulo nos ajuda, com a sua prática missionária, a compreender melhor o sentido da missão cristã em diferentes contextos. Vejamos o que ocorreu no Areópago de Atenas, descrito em Atos:

> *Então Paulo ficou de pé diante deles, na reunião da Câmara Municipal, e disse: — Atenienses! Vejo que em todas as coisas vocês são muito religiosos. De fato, quando eu estava andando pela cidade e olhava os lugares onde vocês adoram os seus deuses, encontrei um altar em que está escrito: "AO DEUS DESCONHECIDO". Pois esse Deus que vocês adoram sem conhecer é justamente aquele que eu estou anunciando a vocês.*
> (Bíblia de estudo NTLH, 2005. Atos dos Apóstolos, 17: 22-23)

Paulo, após ficar revoltado com a quantidade de ídolos em Atenas, estabelece um diálogo com homens de culturas diversas (Atos dos Apóstolos, 17: 16-34), na certeza de que o mistério de Deus, "conhecido-desconhecido", do qual todo o homem tem certa percepção, embora confusa, revelou-se realmente na história. A novidade nessa proclamação é a possibilidade de dizer a todos os povos, com crenças diversas, que Cristo se manifestou. A estratégia de Paulo é simples: contextualizar sua pregação a uma situação diferenciada onde ele estava inserido. A mensagem era a mesma; a forma de transmitir, no entanto, foi contextualizada.

.... *frases* ....

Algumas pessoas resistem ao evangelho não porque o achem falso, mas porque veem nele uma ameaça à sua cultura.

Fonte: Lausanne, 2007a.

Figura 5.2 – Paulo em Atenas

*Fonte: SANZIO, Rafael. **São Paulo pregando em Atenas**. ca. 1513-1514. Técnica mista sobre papel, em lona. Victoria e Albert Museu. Londres, Reino Unido.*

Precisamos entender o contexto e a cultura local para levar uma mensagem que realmente transforme, sem deixar, de forma alguma, de ser totalmente bíblica, a fim de transmitir Cristo de forma compreensível para as pessoas dentro das culturas e dos contextos a que elas pertencem (Lausanne, 2007a). Paulo diz:

Quando trabalho entre os judeus, vivo como judeu a fim de ganhá-los para Cristo. Não estou debaixo da Lei de Moisés; mas, quando trabalho entre os judeus, vivo como se estivesse debaixo dessa Lei para ganhar os judeus para Cristo. Assim também, quando estou entre os não judeus, vivo fora da Lei de Moisés a fim de ganhar os não judeus para Cristo. Isso não quer dizer que eu não obedeço à lei de Deus, pois estou, de fato, debaixo da lei de Cristo. Quando estou entre os fracos na fé, eu me torno fraco também a fim de ganhá-los para Cristo. Assim eu me torno tudo para todos a fim de poder, de qualquer maneira possível, salvar alguns. Faço tudo isso por causa do evangelho a fim de tomar parte nas suas bênçãos. (Bíblia de estudo NTHL, 2005. I Coríntios, 9: 20-23)

A estratégia de Paulo era simples: transformar-se no que for preciso, agir em sintonia com a cultura, adaptar-se ao contexto, para, assim, ganhar algumas almas para Cristo. No entanto, lembramos que a cultura não se sobrepõe à Palavra de Deus, pelo contrário, ela é sempre submetida, com seus valores e costumes, à verdade das Escrituras.

Será que os nossos jovens não precisam de uma contextualização do evangelho para o contexto estudantil? Nas escolas e no *campus* eles estão recebendo a influência de todo tipo de filosofia e conceitos que conduzem e normatizam a vida. Essas ideias são produzidas com base em pressupostos científicos, por meio de instrutores que, muitas vezes, não acreditam em Deus e que procuram secularizar a espiritualidade. Eles estão sob risco e são, sem dúvida, um desafio para a ação da Igreja!

A política existe porque existe o ser humano e porque ele vive em sociedade. Não estou fazendo apologia para o envolvimento da igreja na "politicagem". Porém, uma leitura cuidadosa da Bíblia evidenciará a história de um povo que sofre dentro de um contexto político. A escravidão com o momento do êxodo posterior demonstra uma relação político-religiosa. A Bíblia nos adverte a orar pelas autoridades para que tenhamos uma vida tranquila (I Timóteo, 2: 1-2). Paulo ainda lembra que as autoridades civis foram constituídas por Deus (Romanos, 13: 1-7). É, portanto, por meio da atividade política que a sociedade pode vivenciar uma vida de justiça e paz. Para tanto, a igreja tem uma vocação profética de denúncia e de direcionamento quanto aos valores e à justiça.

Foi possível descrevermos apenas algumas áreas possíveis de contextualização, mas há muito mais. A igreja, inserida em seu contexto citadino, deve discernir quais as necessidades que tem, ouvir o Espírito e contextualizar sua mensagem para o contexto urbano, a fim de conquistar as cidades para Cristo. Considerando que Deus se encarnou, contextualizando a Palavra na prática, em Cristo Jesus, a Igreja deve, igualmente, contextualizar sua pregação. Nossas cidades precisam.

frases

O cristão deve carregar em uma das mãos a Bíblia e, na outra, o jornal.

Fonte: Barth, 2015.

Texto complementar

Princípios para o desenvolvimento comunitário integral: passos metodológicos

Não poderíamos deixar de considerar aqui os passos metodológicos que nos mostram como caminhar no processo de desenvolvimento integral. Embora seja algo muito familiar a todos os profissionais das ciências sociais e principalmente aos do serviço social, esses passos não fazem parte do cotidiano dos leigos que normalmente atuam em projetos de desenvolvimento em nossas igrejas. Eles não são passos independentes: fazem parte de um todo e complementam-se entre si.

O primeiro passo não é fazer, mas observar, conhecer as pessoas e seu dia a dia e definir a área em que pretendemos atuar. Por exemplo: estabelecer com antecedência alguns critérios que demonstrem a necessidade da área que deve ser trabalhada; conversar informalmente com as pessoas, procurando entendê-las.

O segundo passo é mergulhar na vida das pessoas ou da comunidade; é o que alguns chamam de *identificação*. É colocar-se no lugar delas e ver o mundo desde o seu ponto de vista. Nesta fase, podem-se realizar entrevistas e elaborar questionários. Não estamos falando aqui de entrevistas e questionários "frios", mas de participação da própria população, por exemplo, na confecção desses questionários. Isso nos dará uma compreensão mais real dos problemas da comunidade. Quando se está trabalhando em zonas rurais ou em bairros da periferia, onde a maioria das pessoas não sabe ler nem escrever, podem-se elaborar questionários com desenhos ou figuras, que são mais fáceis de se entender.

Um terceiro passo é descobrir os grupos com os quais é possível trabalhar. Descobrir pessoas que estejam dispostas a trabalhar juntas, que possam participar de tarefas, que queiram distribuir responsabilidades, que saibam decidir juntas. É importante que a equipe seja composta das mais diversas categorias sociais.

O quarto passo é perceber as necessidades reais da localidade, sentindo as possibilidades que as pessoas têm de melhorar suas vidas por si mesmas e de participar ativa e responsavelmente nos esquemas de sua localidade e de seu país. Um dos instrumentos que podemos utilizar nesta fase é a reunião. Nas reuniões, as pessoas expressam seus pensamentos, seus interesses e suas necessidades. Para que as reuniões sejam produtivas, devem-se considerar aspectos como datas fixadas com antecedência, agenda, informações objetivas, funções bem distribuídas, tempo limitado e técnicas adequadas.

Teologia das cidades

As reuniões devem ser realizadas de acordo com as necessidades do grupo, e não simplesmente para cumprir uma rotina. Nessas reuniões, pode-se refletir sobre os dados colhidos formal e informalmente, além de estudar e planejar as atividades junto com a população. No início, pode ser que as reuniões não sejam muito produtivas; mas, com o decorrer do trabalho, o nível de participação irá crescer.

O quinto passo é a articulação com grupos locais, isto é, a interação com outras agências que estejam desenvolvendo trabalhos similares na comunidade. Além de sua igreja, existem centros sociais do governo, do município, de paróquias, que podem estar preocupados com os problemas das pessoas mais pobres. É interessante realizar reuniões com tais grupos e colaborar com sugestões para o estudo dos problemas da área.

Um sexto passo é considerar a população como protagonista ou agente de suas mudanças e não só como espectadora ou objeto. As pessoas, a comunidade, é que decidem sobre as mudanças que devem ser realizadas. Ao empreender um trabalho comunitário, devemos questionar nosso papel junto às pessoas, às famílias ou à comunidade e perguntar-nos se o projeto conta com a participação delas; se atende aos seus interesses ou aos interesses de alguns líderes da igreja ou de alguma outra instituição.

Para a realização de qualquer projeto, precisamos de recursos humanos, financeiros e materiais. Quanto aos recursos humanos, é bastante significativo o uso de mutirões como uma forma comunitária de trabalho. É um sistema barato, que proporciona maior inter-relação entre as pessoas e possibilita o desenvolvimento e o compromisso da população. Devem-se formar comissões ou equipes de trabalho, conforme os interesses e as necessidades do projeto. Quanto aos recursos financeiros e materiais, podem ser obtidos por meio das próprias famílias ou, então, de fora, por meio de instituições governamentais ou particulares (as chamadas OG e ONG).

Refletindo sobre uma teologia para a cidade: desafios e perspectivas das pastoral urbana

••

O sétimo passo é o acompanhamento e a avaliação do desenvolvimento do trabalho que é levado a cabo pelo agente social cristão e pelas pessoas da comunidade envolvidas. As avaliações e o acompanhamento são contínuos. A avaliação, para ser mais proveitosa, poderá conter as seguintes perguntas:

- Quais são as dificuldades encontradas?
- Quais são as causas dessas dificuldades?
- Como foi o desempenho da equipe, da população e da instituição (igreja)?
- Quais são as sugestões para a reformulação do trabalho com a população?

••

Fonte: Couto, 2010.

Atividades de autoavaliação

1. O que você entendeu por *Missio Dei* e o que isso muda na missão desenvolvida na cidade?

2. Além dos já relatados, quais outros riscos a família está sofrendo na atualidade? O que isso representa na ação da igreja na cidade?

3. Temos dupla cidadania, somos cidadãos do céu, mas estamos nesta terra. Como a sua igreja pode se inserir no contexto da cidade onde você mora, a fim de lutar pelos direitos das pessoas que vivem nos espaços urbanos?

4. Descreva o que você entendeu como *desenvolvimento comunitário* e como sua igreja, em seu próprio contexto, pode participar desse processo.

5. Você acha que a sua igreja pode desenvolver algum projeto educacional ou de alfabetização em sua estrutura? Como?

6. Em que área a sua igreja poderia contextualizar a mensagem de Cristo a fim de que mais pessoas conheçam Jesus?

Anotações

capítulo seis

Desenvolvendo um programa de pastoral e teologia nas cidades

Portanto, queridos irmãos, continuem fortes e firmes. Continuem ocupados no trabalho do Senhor, pois vocês sabem que todo o seu esforço nesse trabalho sempre traz proveito. (Bíblia de estudo NTLH, 2005. I Coríntios, 15: 58)

Bom, estamos quase na etapa final da obra. Iniciamos nossa caminhada com uma imersão no estudo de como as cidades surgiram ao longo da história e quais as implicações do êxodo rural e da urbanização desenfreada para a vida na cidade. Posteriormente, analisamos alguns pressupostos fundamentais para entender a cidade, desde a influência que a pós-modernidade exerce sobre a vida na cidade até o modo como as questões sociais se constituem em um desafio à ação da Igreja. No próximo passo, fizemos uma viagem pelas principais cidades na Bíblia e como elas se encaixam no plano divino para, então, perceber quais são os desafios para a realização de uma pastoral urbana nas cidades. E agora? Agora nos resta pôr as mãos à obra.

Figura 6.1 – Mãos à obra: a igreja em ação

Crédito: blogjcv.blogspot.com

A proposta desse curso é que você, em especial com base neste capítulo, realize uma leitura sobre a sua cidade, como ela está inserida nos contextos analisados, para que, então, seja possível desenvolver um projeto ministerial de ação na cidade por meio da sua igreja. Mas a pergunta agora é: Você conhece sua cidade? E a sua igreja, você conhece? Algumas perguntas são fundamentais nesse processo. Você precisará realizar um estudo sobre o papel e a história da sua igreja. Quem são os seus fundadores? Qual era a visão missionária antigamente e como é hoje? Como a igreja se relacionava com a cidade e como está essa relação hoje em dia? A igreja trabalha e vive em função de seus membros ou está mobilizada para a missão? Que desafios estão sendo assumidos por ela? Que serviços estão sendo abraçados para promover a evangelização e um serviço a favor da cidade e de sua população? Como é exercida a liderança espiritual? Ela está centrada na pessoa do pastor ou assume a dimensão de um ministério compartilhado numa diversidade de serviços? Quem são essas pessoas que vivem hoje nas cidades? Qual é o meu conhecimento da realidade? Qual a diferença entre mim e eles? O Evangelho pode ajudá-los realmente? Vai mudar a vida deles em todos os sentidos possíveis para melhor? Estou disposto a andar com eles ou só passar um tempinho cumprindo minha obrigação de evangelizar? São questões norteadoras fundamentais para a execução do trabalho!

Obviamente que não conseguiremos contemplar todas as questões necessárias nesse momento. O importante é que você inicie esse processo e o revise sempre que possível, adequando sua teologia para a cidade em que vive.

Avaliaremos neste momento como Neemias desenvolveu um projeto para a cidade e como ele nos serve de modelo para os dias atuais. Por último, vamos propor algumas ideias para dar início a um projeto ministerial urbano, de modo que seja um programa capaz de colocar sua igreja a serviço da cidade.

6.1 Elaborando um projeto ministerial para a cidade

É isso que se espera de um projeto ministerial para cidade: que tenha a capacidade de ouvir a dor – o gemido das criaturas e da criação – e saiba responder a essa dor com uma resposta condizente ao Evangelho do Reino. (Hoffmann, 2007, p. 73)

Como bem afirma Hoffmann (2007), para elaborar um projeto ministerial para a cidade caótica em que vivemos, é necessário ter uma visão espiritual que seja capaz de contemplar todo o plano de Deus contextualizado ao ambiente urbano. Não há como desenvolver um projeto sem antes nos identificarmos com os problemas e os sofrimentos pelos quais a cidade passa. É necessário também sonhar; sonhar com uma cidade nos padrões do Reino de Deus.

Outro aspecto importante é a consciência da total dependência de Deus. Precisamos buscar uma intimidade profunda com Deus e conhecer sua vontade para a nossa cidade. Enquanto olhamos e dependemos de Deus, olhamos e conhecemos as necessidades da cidade. A igreja não agirá sozinha, ela realizará um trabalho em unidade e sob a direção e o poder de Deus.

Hoffman (2007) descreve quatro fatores fundamentais para a preparação ministerial, conforme se vê na Figura 6.2.

Figura 6.2 – Fatores para a preparação ministerial

Fonte: Hoffman, 2007, p. 81-82.

Com isso, vamos prosseguir com os primeiros passos para o desenvolvimento de um projeto ministerial para a cidade.

Jorge H. Barro (2003), na obra por ele organizada *O pastor urbano*, nos dá dicas fundamentais para a execução de um projeto na cidade:

- **Conhecer o contexto** – É necessário entender a cidade, a história (origem, fundadores, razões, finalidade, modo como se fundou), a cultura, os indicadores sociais, a estrutura política, e tudo que possa contribuir com o desenvolvimento ministerial.
- **Aptidão do missionário urbano** – A pessoa a desenvolver o trabalho deve estar preparada. Na maioria das vezes, não basta um simples desejo ou um chamado divino. Deus capacita aqueles que chama, mas o pastor urbano precisa se preparar para atender ao chamado da melhor forma possível. Essa preparação se dá nos aspectos espirituais e naturais do processo. Ele precisará de suporte para suas ações e de pastoreio para o momento de desgaste e desânimo.

6.2 Neemias e a reconstrução da cidade como modelo de projeto ministerial

Como vimos, a Bíblia relata várias ações dos mensageiros bíblicos em favor da cidade. No entanto, você deve ter percebido que não avaliamos a história de Neemias no quarto capítulo. A ideia era guardar esse texto para, nesse momento, analisarmos com maior cuidado a ação desse homem que foi capaz de encorajar e mobilizar a população de uma cidade para a sua restauração. Aliás, os passos adotados por Neemias servem como paradigma para todos aqueles que querem desenvolver um projeto de missão urbana. Neemias empreende uma ação significativa, consagrada, com inteligência operacional e espiritual, sob a direção de Deus.

A história de Neemias é uma prova de que Deus está de olho na cidade e nas pessoas que nela habitam e, por isso, sempre escolhe alguém para restaurar a sorte de uma cidade. Neemias, em sua época, ouviu o chamado de Deus, se dispôs a cumpri-lo e serviu sua geração na restauração de um contexto urbano caótico. Você e sua igreja podem fazer parte disso!

Da história de Neemias, podemos tirar algumas lições para a nossa caminhada.

6.2.1 Vida de consagração a Deus

> *Quando ouvi isso, eu me sentei e chorei. Durante alguns dias, eu fiquei chorando e* **não comi nada**. *E fiz a Deus esta oração.* (Bíblia de estudo NTLH, 2005, grifo nosso. Neemias, 1: 4)

Antes de Neemias empreender sua missão, ele dedicou um longo tempo de lamento, oração e jejum. Neemias sabia que dependeria de outros no processo de reconstrução, mas o mais importante era a dependência de Deus.

Não arrisque um projeto sem a direção e a aprovação de Deus. Dedique-se a ele em todas as disciplinas espirituais possíveis. Ouça o que o Espírito dirá a você e só depois de ter convicção de que Deus está contigo, siga em frente!

6.2.2 Compaixão como pressuposto para o ministério urbano

> *Esta é a história de Neemias, filho de Hacalias. No mês de quisleu, no ano vinte do reinado de Artaxerxes, rei da Pérsia, eu, que me chamo Neemias, estava em Susã, a capital do país. Hanani, um dos meus irmãos, chegou de Judá com um grupo de outros judeus. Então eu pedi notícias da cidade de Jerusalém e dos judeus que haviam voltado do cativeiro na Babilônia. Eles me contaram que aqueles que não tinham morrido e haviam voltado*

Desenvolvendo um programa de pastoral e teologia nas cidades

para a província de Judá estavam passando por grandes dificuldades. Contaram também que os estrangeiros que moravam ali por perto os desprezavam. Disseram, finalmente, que as muralhas de Jerusalém ainda estavam caídas e que os portões que haviam sido queimados ainda não tinham sido consertados. **Quando ouvi isso, eu me sentei e chorei. Durante alguns dias, eu fiquei chorando** *e não comi nada.* (Bíblia de estudo NTLH, 2005, grifo nosso. Neemias, 1: 1-4)

Quando Neemias recebe o relato de Hanai, ele busca saber as notícias de seu povo. Aqui está o início de tudo. Neemias era interessado, foi proativo e buscou a informação. Não podemos ficar sentados, passivos, esperando as coisas acontecerem ou alguém nos relatar uma necessidade. O próximo passo de Neemias foi ouvir o relato. Esse é outro passo importante para a compaixão. O mundo grita, mas às vezes não ouvimos. As pessoas gritam pedindo socorro, mas, por vezes, estamos acomodados em nosso cantinho gospel e sagrado da igreja.

Depois de ouvir o relato que acentuava que as pessoas que não morreram estavam em sofrimento, Neemias chorou. Ela sabia que aqueles que estavam sofrendo eram os excluídos, aqueles que para a maioria das pessoas na sociedade não tinhm mais valor. Na época de Neemias, essas pessoas eram os pobres, as crianças, os velhos e as mulheres. E hoje, quem são? Essa é a compaixão em meio ao caos. Ele, mesmo estando longe de sua terra e de seu povo, sofreu com todos os que sofriam. A dor do povo era a dor de Neemias e, sem dúvida, a dor de Deus. Um ministério urbano só obterá êxito se as pessoas envolvidas estiverem imbuídas de compaixão.

6.2.3 Empatia e identificação

Com os **nossos atos, temos** *pecado contra ti e* **não temos** *obedecido aos teus mandamentos.* **Não temos** *obedecido às leis que nos deste por*

*meio de Moisés, teu servo. Lembra agora do que disseste a ele: "**Se vocês,** o povo de Israel,* **forem** *infiéis a mim, eu os* **espalharei** *entre as outras nações".* (Bíblia de estudo NTLH, 2005, grifo nosso. Neemias, 1: 7-8)

É interessante notar que, mesmo não estando presente no contexto, Neemias se colocou como se estivesse. Ele era um alto funcionário da corte, mas colocou-se ao mesmo nível de seus conterrâneos, que viviam sob o caos em Jerusalém. Mesmo que mais tarde ele tenha reconhecido e executado sua missão, não se sentiu o libertador ou o salvador do povo, mas se colocou ao lado dele. Ele não estava acima, nem abaixo, sofreu junto com o povo e reconheceu que fazia parte daquele momento. Ele sabia que estava na dependência de Deus e por isso se humilhou na presença do Altíssimo. A arrogância espiritual não faz parte da história de Neemias, e esperamos que ele nos sirva de exemplo.

6.2.4 Conhecimento de causa, identidade e visão

Lembra agora do que disseste a ele: "Se vocês, o povo de Israel, forem infiéis a mim, **eu os espalharei entre as outras nações.** *Mas, se depois disso, vocês voltarem para mim e obedecerem aos meus mandamentos,* **eu os trarei de volta** *para o lugar que escolhi para ali ser adorado,* **mesmo que vocês estejam espalhados pelos fins da terra."** — *Senhor,* **estes são teus servos, o teu povo.** *Tu os livraste do cativeiro com o teu grande poder e com a tua força. Ouve agora a minha oração e as orações de todos os outros teus servos que têm prazer em te adorar.* **Faze com que eu tenha sucesso hoje e que o rei seja bondoso comigo.** *Nesse tempo eu estava encarregado de servir vinho ao rei.* (Bíblia de estudo NTLH, 2005, grifo nosso. Neemias, 1: 8-11)

Desenvolvendo um programa de pastoral e teologia nas cidades

Neemias começou uma análise teológica ressaltando as promessas de Deus. Ele conhecia a causa e os motivos que os levavam a estar ali. Ele conhecia o pecado do povo, mas sabia também que Deus tinha uma promessa para aquele mesmo povo. Deus os espalharia pela desobediência, mas os traria de volta. Ele conhecia a causa e se apropriou da Palavra de Deus.

Ele sabia quem era aquele povo – não era um povo qualquer. Não era um Deus qualquer. Era uma questão de identidade. Ele sabia que Deus tinha um plano e que cumpriria esse plano, mesmo que os homens estivessem nos lugares mais longínquos da terra. Aquele povo era o povo de Deus!

Na mesma oração, Neemias estabeleceu o primeiro passo para dar vida à sua visão. Ele falaria com o Rei. Ele tinha a visão, ele tinha a direção. Ele discerniu o que era pra fazer e fez. Para realizar um ministério urbano, precisamos de uma visão que supere a nossa própria. Precisamos de uma visão que vem de Deus. A visão é algo que me alimenta, é algo que me direciona para a ação. A visão é mais do que sonhar, é mais do que pensar: é algo que me inspira, que me leva para o futuro.

6.2.5 Aproveitando as oportunidades

O que vou contar aconteceu quatro meses mais tarde, no vigésimo ano do reinado de Artaxerxes. Um dia, quando o rei estava jantando, eu peguei vinho e o servi. **O rei nunca me havia visto triste** *e por isso perguntou: — Por que você está triste? Você não está doente; portanto, deve estar se sentindo infeliz. Então eu fiquei com muito medo e respondi: — Que o rei viva para sempre! Como posso deixar de parecer triste, quando a cidade onde os meus antepassados estão sepultados está em ruínas, e os seus portões estão queimados?* **O rei perguntou: — O que é que**

você quer? Eu orei ao Deus do céu (Bíblia de estudo NTLH, 2005, grifo nosso. Neemias, 2: 1-4)

Um dos aspectos mais importantes na vida e que, nesse caso, se aplica ao projeto ministerial que pretendemos desenvolver, e aproveitar a oportunidade quando ela surgir. Oportunidade não e algo permanente. Ela vem e passa. Talvez volte, talvez não. É como o vento para a embarcação de velas. Quando ele bate, os velejadores têm que ser rápidos para alçar ancora e soltar velas. Qualquer hesitação, mesmo de alguns segundos, pode resultar em demora de dias e o fracasso da viagem. Saber aproveitar as oportunidades e essencial para quem quer desenvolver um projeto ministerial.

Por vezes Neemias estava com o rei, mas quando este o perguntou o que estava acontecendo ele tinha a resposta. Quando o rei perguntou o que ele queria Neemias estava preparado para responder. As oportunidades surgem, mas da mesma forma que elas aparecem, elas podem desaparecer. Aproveite as oportunidades e esteja preparado apontar a solução e o projeto que você tem, sempre sob a direção de Deus, sempre sob oração.

6.2.6 Trabalhando em unidade

O rei mandou que fossem comigo alguns oficiais do exército e uma tropa da cavalaria. Então eu viajei para a província do Eufrates-Oeste e ali entreguei aos governadores as cartas do rei. (Bíblia de estudo NTLH, 2005. Neemias, 2: 9)

Não faça o trabalho sozinho. Você precisa de apoio de pessoas e de outras organizações. Além disso, você precisará de maturidade pessoal e espiritual e também de disposição para colaborar e agregar-se às pessoas e organizações que já fizeram ou que também

Desenvolvendo um programa de pastoral e teologia nas cidades

querem fazer algo pela cidade! Precisamos de uma rede de contato e apoio, além de mais pessoas envolvidas conosco na missão.

Por vezes, você precisará recorrer a pessoas que tenham experiência e formação em sociologia, antropologia, teologia, psicologia social, história, urbanismo, educação etc. Uma análise multidisciplinar contribui para o êxito do projeto. A estratégia de Neemias foi recorrer a alguém que realmente poderia ajudar. Ele esperou o momento e agiu na hora certa. Sozinho não dá – precisamos trabalhar em unidade. Mais tarde Neemias teve ajuda de muitas outras pessoas.

6.2.7 Necessidades: levantamento e diagnóstico

Mas aí eu lhes disse: – **Vejam como é difícil a nossa situação! A cidade de Jerusalém está em ruínas, e os seus portões foram destruídos.** *Vamos construir de novo as muralhas da cidade e acabar com essa vergonha.* (Bíblia de estudo NTLH, 2005, grifo nosso. Neemias, 2: 17)

Perceba o quanto o projeto de Neemias foi bem planejado. Após orar, jejuar, lamentar e compartilhar as necessidades com o Rei, Neemias já tinha em mãos um diagnóstico da realidade de Jerusalém. A cidade estava destruída, em ruínas. Ele foi à cidade e constatou a realidade, mesmo sob ferrenha perseguição. Ele não ouviu falar, ele foi confirmar a situação. Para estabelecer um projeto ministerial, é importante conhecer a realidade para que, posteriormente, seja possível diagnosticar como está a situação. Onde estão os problemas? O que está destruído? O que precisa ser reconstruído?

6.2.8 Preparo e execução

Então contei a eles como Deus havia me abençoado e me ajudado. E também contei o que o rei me tinha dito. Eles disseram: – **Vamos começar a reconstrução! E se aprontaram para começar o trabalho.** (Bíblia de estudo NTLH, 2005, grifo nosso. Neemias, 2: 17-18)

Um passo importante é a preparação. Após ouvir o relato de Neemias, o povo se juntou a ele para executar a obra. Mas, antes da realização, é necessário se preparar. Avaliem quais são as necessidades de preparo em sua ação urbana. Por vezes, será necessário esperar um pouco, preparar-se melhor para, aí sim, iniciar o trabalho.

Após se preparar, é importante começar. Muitas pessoas passam muito tempo no diagnóstico, nas avaliações, nas reuniões e nos detalhes e não partem para a ação. Se passar muito tempo, a causa pode se perder, a paixão pode se apagar. O desafio está lançado, comecem o trabalho! Mais uma vez, a unidade prevaleceu, e agora o projeto não era mais de Neemias, era de todo o povo. Eles se animaram e começaram o trabalho.

6.2.9 Vencendo as dificuldades externas e internas

Sambalate e Tobias e os povos da Arábia, Amom e Asdode **ficaram muito zangados quando souberam** *que nós estávamos continuando o trabalho de reconstrução das muralhas de Jerusalém e que as suas brechas já estavam sendo fechadas. Aí* **se reuniram e combinaram que viriam juntos atacar Jerusalém e provocar confusão.** *Mas nós oramos ao nosso Deus e colocamos homens para ficarem de vigia* *contra eles de dia e de noite.* (Bíblia de estudo NTLH, 2005, grifo nosso. Neemias, 4: 7-9)

Prepare-se, as dificuldades surgirão. Mesmo que você tenha a mais absoluta certeza de que Deus está contigo, que ele te chamou, que a obra é d'Ele, ainda assim os problemas serão muitos e desafiarão a sua perseverança. Neemias e o povo estavam fazendo o melhor, estavam reconstruindo a cidade, mas, mesmo assim, os inimigos se levantaram.

A vitória veio em duas partes: primeiro oraram, entregando a situação ao Senhor, e depois vigiaram, colocando pessoas que pudessem defender a obra! Lembre-se, ore e vigie, senão a obra que você está construindo poderá ser derrubada por pessoas que não querem o bem da cidade! No entanto, o problema não parou por aí. Além da ação externa, Neemias enfrentou problemas internos: "Algum tempo depois, muitas pessoas, tanto homens quanto mulheres, começaram a reclamar [...]" (Bíblia de estudo NTLH, 2005. Neemias, 5: 1).

Além de vencer o inimigo externo, Neemias teve de lidar com os conflitos entre seu próprio povo. A reclamação tomou conta da situação. A Bíblia diz que Neemias ficou zangado (Neemias, 5: 6) e depois reuniu o povo para resolver o problema (Neemias, 5: 7). A realização de um ministério urbano levantará inimigos e suscitará conflitos. Portanto, prepare-se! O importante é resolver a situação e administrar os conflitos. Não finja que o problema não existe, nem fique indiferente. Não passe a mão na cabeça dos envolvidos. Encare o problema e resolva-o.

6.2.10 Conclusão e avaliação

Agora as muralhas estavam reconstruídas, e os portões estavam todos colocados nos seus lugares [...]. (Bíblia de estudo NTLH, 2005. Neemias, 7: 1)

Após muita luta, a muralha estava reconstruída. Construir uma muralha em uma cidade como Jerusalém, após a destruição que a arrasou, não foi fácil, mas Neemias e o povo obtiveram a vitória. Concluir algo que foi iniciado é fundamental para todo ser humano. Muitos desistem no caminho, muitos se entregam, muitos ouvem os inimigos e se deixam persuadir por eles. Não desista, não importa as dificuldades que você enfrentará!

Uma etapa importante é avaliar o que foi feito. Neemias avaliou, concluiu que a obra estava pronta e que as muralhas e os portões estavam reconstruídos e no lugar adequado! Avaliar é fundamental. Nesse sentido, há um conceito no campo da administração: o PDCA, sigla em inglês dos termos: *Plan, Do, Check and Act*. Traduzindo, temos: **planejar, executar, avaliar** e **agir**. Perceba que nessa lógica há dois momentos de ação (executar e agir), mas, no meio, há a avaliação. Muitas vezes, você precisará estabelecer esse princípio. Inicie pelo planejamento, como já falamos; depois, coloque-o em prática. No meio, faça uma avaliação e, por fim, continue agindo! Avalie a obra, avalie você mesmo, peça que outros avaliem a você e também a obra como um todo! Esperamos que no final você conclua, como Neemias: acabou, está tudo pronto!

6.2.11 Consolidação na Palavra

Durante mais ou menos três horas, **a Lei do Senhor, seu Deus, foi lida** *para eles. E nas três horas seguintes eles confessaram os seus pecados e adoraram o Senhor.* (Bíblia de estudo NTLH, 2005, grifo nosso. Neemias, 9: 3)

Desenvolvendo um programa de pastoral e teologia nas cidades

A Palavra de Deus apresenta um tom profético de denuncia às injustiças sociais. Deus é caracterizado pela justiça; portanto, por meio da sua Palavra, confronta quaisquer atos de injustiças, promovendo a solidariedade, a justiça e a equidade entre as pessoas. Por isso, a Palavra de Deus deve ser a base da missão. A Palavra cria, fundamenta, fortalece e direciona a missão.

Não se engane, você precisa da Palavra de Deus para executar uma ação urbana relevante e transformadora. Foi por meio da leitura da Palavra de Deus que o povo se arrependeu dos pecados, passando a adorar o Senhor. Quando a Palavra de Deus não é a base, o sentido se perde. Precisamos de projetos que não estejam calcados somente na inteligência humana ou no que está na moda no momento. Precisamos de projetos sérios de intervenção e desenvolvimento ministerial urbano. Precisamos de projetos centralizados na Palavra de Deus.

6.2.12 Desfrutando da vitória

> As autoridades de Israel ficaram morando em Jerusalém, e o resto do povo tirou a sorte para escolher uma família de cada dez para morar na santa cidade de Jerusalém. O resto do povo ficou morando nas outras cidades e povoados. O povo abençoou todas as outras pessoas que por sua própria vontade resolveram morar em Jerusalém. (Bíblia de estudo NTLH, 2005. Neemias, 11: 1-2)

Após a vitória, era o momento de comemorar. O objetivo foi conquistado. As dificuldades foram vencidas. O povo voltou a morar na cidade e aqueles que não conseguiram tal feito abençoaram aqueles que voltaram. A cidade santa estava reconstruída! A cidade de Deus, a cidade do povo de Deus!

Não se esqueça: comemore, compartilhe, desfrute da vitória quando ela vier, não se esquecendo de sempre dar graças a Deus, porque a vitória é Dele – nós fazemos parte da história!

6.3 Roteiro de projeto: um modelo

Antes de sugerir um roteiro básico de projeto, é importante definir o que significa esse conceito. Podemos entender *projeto*, para nossos fins, como um empreendimento planejado que consiste num conjunto de atividades inter-relacionadas e coordenadas, com o fim de alcançar objetivos específicos dentro dos limites de um orçamento e de um período de tempo determinados (Prochnow; Schaffer, 1999).

Muitos já estabeleceram um roteiro para o desenvolvimento de projetos, mas é necessário adaptar os roteiros para o desenvolvimento de um projeto ministerial. Com essa necessidade em vista, apresentaremos um modelo que poderá conduzir quem desejar ao longo da caminhada. Lembre-se: sempre será necessário adaptar a estrutura à sua realidade!

Roteiro para elaboração do projeto

I. SUMÁRIO
II. ETAPA I – Definição do projeto: O que queremos?
- Nossa causa (explique os motivos da escolha – cite neste item o problema central e as necessidades levantadas)
- Público-alvo (direto e indireto – não se esqueça de segmentar)
- Justificativa
- Objetivos
  - Objetivo geral
  - Objetivos específicos (cite três)
  - Metas (referente a cada objetivo específico)
III. ETAPA II – O plano de trabalho: Como vamos agir?
- Equipe do projeto (cite o cargo de cada pessoa – diferencie quem são os efetivos e quem são os voluntários)
- Explique como o grupo planeja realizar as reuniões com a equipe do projeto
- Quadro de verificação de procedimentos
- Quadro do planejamento operacional
- Principais estratégias do grupo para o sucesso do projeto
IV. ETAPA III – Andamento do projeto
- Para cada objetivo, estabeleça no mínimo um indicador para medir os resultados e um meio de verificação. Classifique cada indicador como: avaliação de processos, avaliação periódica de resultados ou avaliação de impacto.
- Como o grupo pretende disseminar os resultados do projeto?
  - Para o público interno
  - Para o público externo

v. ETAPA IV – Orçamento: Quanto vai custar?

- Custos diretos (apenas os itens, não coloque valor)
- Custos indiretos (apenas os itens, não coloque valor)
- Após identificar os custos diretos e indiretos, confeccione a planilha
- Principais estratégias para captação de recursos

vi. CONSIDERAÇÕES

- Como foi para o grupo criar um projeto de desenvolvimento ministerial urbano?

Fonte: Adaptado de Cirino; Greenwood, 2012.

Texto complementar

Evangelização no contexto urbano

"As cidades são o principal campo missionário do século XXI". Com essa frase, o Dr. Charles Van Engen iniciou uma série de preleções sobre missão urbana, em 2002, na cidade de Londrina (PR). Sua afirmação é uma verdade inquietante por conta dos missiólogos espalhados pelo mundo inteiro: cerca da metade da população mundial, que já atingiu a cifra de sete bilhões de pessoas, mora em cidades. A estimativa é que 61,01% da população mundial estará vivendo nas cidades até 2025. De acordo com a ONU, no ano 2015 haverá ao redor do planeta 28 cidades com mais de 10 milhões de habitantes. Tóquio, Mumbai, Jacarta, Karachi, Lagos e São Paulo terão mais de 20 milhões de habitantes. 14 das 21 maiores metrópoles do mundo se localizam em países chamados emergentes.

Desenvolvendo um programa de pastoral e teologia nas cidades

••

O acelerado aumento da população urbana torna as cidades mais suscetíveis a crises, em razão da pobreza, da degradação ambiental, da qualidade dos serviços urbanos e das precárias condições de infraestrutura. De acordo com a ONU, 250 milhões de pessoas não recebem água tratada, 400 milhões não contam com esgoto e 500 milhões estão sem moradia. Há mais de um bilhão de favelados no mundo. As cidades não crescem apenas em população, mas também em problemas sociais, econômicos e políticos. Além disso, as cidades não consistem apenas de pessoas e problemas, mas, sim, de uma complexa concentração de valores, culturas, cosmovisões e sonhos. Centros urbanos são intricados mosaicos, crescentemente resistentes aos métodos evangelísticos tradicionais.

Como evangelizar no contexto urbano? Enxergue a cidade como objeto do amor de Deus e veja a si mesmo como sinal e instrumento de redenção, paz (*shalom*), esperança e justiça para a cidade. Somos cooperadores e cocriadores do Reino de Deus em nosso emprego, comunidade local, bairro, cidade, país, até os confins da terra!

A missão de Deus tem caráter sistêmico, compreendendo a totalidade de todas as experiências do ser humano, em seu contexto e história. Sua finalidade envolve a reconciliação de todos os eleitos e a restauração de toda a criação. Deus é Criador amoroso e criou o ser humano à sua semelhança (Gênesis 1: 29). Ele espera ver nosso esforço em melhorar este mundo imperfeito, agredido e ferido pelo pecado. Quando servimos no mundo, procuramos transformar suas situações imperfeitas, ministrando às feridas sociais e restaurando as dores culturais. Assim, promovemos a reconciliação, o amor divino e a paz social – desde o indivíduo e suas necessidades pessoais, até a família e as cidades em nível sociocultural e exercemos o dom de Deus, num verdadeiro processo de transformação da realidade dominante.

••

Teologia das cidades

Por detrás dos bairros complexos e violentos, escondem-se milhares de homens e mulheres, gente como a gente, que necessita desesperadamente ser pastoreada e amada. A missão de Deus implica na presença de igrejas saudáveis e líderes santificados, cheios de vitalidade espiritual, que renovem e dinamizem a comunidade local e, desta forma, influenciem positivamente a cidade.

O desafio urbano será alcançado com estratégias adaptáveis ao contexto. Por exemplo, quais são as convicções, atitudes, motivações, necessidades e nível de receptividade entre as diversas pessoas que vivem ao redor da sua igreja? Através de um sábio planejamento baseado na compreensão das necessidades dos membros e não alcançados, a partir dos dons, talentos e vocação dos cristãos e na dependência do Espírito, podemos tomar decisões sábias nos ministérios locais e na aplicação dos nossos recursos humanos e financeiros.

Fonte: Muzio, 2011.

Atividades de autoavaliação

1. Qual é a importância de elaborar um projeto ministerial urbano para a cidade?

2. De acordo com Barro (2003), na obra por ele organizada *O pastor urbano,* existem algumas dicas fundamentais para o desenvolvimento ministerial urbano. Comente o tema.

3. O que você achou mais interessante nas etapas estabelecidas por Neemias na reconstrução da cidade?

4. Descreva qual foi, na sua percepção, a etapa mais difícil do plano de reconstrução elaborado por Neemias.

Desenvolvendo um programa de pastoral e teologia nas cidades

5. Que tipo de projeto ministerial você pretende desenvolver em sua cidade? Você consegue compará-lo, mesmo que guardadas as devidas proporções, com a ação de Neemias?

6. O que você espera para o futuro de sua igreja no contexto urbano em que ela se encontra? Identifique pontos fortes e pontos fracos.

Anotações

considerações finais

Concluir é sempre muito difícil. Você deve ter percebido que há muito ainda a falar sobre uma teologia para as cidades. No entanto, o que queremos ressaltar nessas considerações conclusivas se resume em algumas questões importantes: Qual é essa fé que temos? Que teologia é essa que estudamos, mas que, por vezes, não gera efeito transformador na realidade? Que cosmovisão é essa que tem roubado nossa visão de mundo?

Temos percebido que existem diversas concepções de um cristianismo que não compactuam com o cristianismo bíblico. Precisamos de uma ação cristã na cidade que possa transformar a realidade urbana. Carecemos de engajamento sério e significativo. Necessitamos ouvir a voz de Deus e atender o chamado que Ele nos dá para a cidade.

Já não basta (ou, para alguns, pouco importa) a igreja estar geograficamente presente nas cidades. Ela é a agência de anúncios proféticos e de restauração para a humanidade por meio da mensagem da cruz. Portanto, todo e qualquer projeto que a igreja desenvolva deve estar fundamentado na Palavra de Deus e na esperança de transformação das nossas cidades.

Cada cidade, das menores às maiores que existem, são alvos da missão de Deus, em busca da superação das barreiras sociais, étnicas, políticas, religiosas, culturais, espirituais etc. Todos nós, individual ou coletivamente (como corpo de Cristo), temos uma vocação e a responsabilidade de sermos mordomos neste mundo. Não é possível viver uma vida cristã ou realizar uma reflexão teológica que esteja distante da realidade em que vivemos.

Somos desafiados a estar na cidade e, por meio de nossa presença, contagiá-la com pregação e ação transformadora. Nossa missão não está baseada na volta ao paraíso, mas na esperança e no caminhar para a nova cidade de Deus. A igreja, nessa perspectiva, é encorajada a realizar uma pastoral urbana que possibilite uma vida de paz, justiça e harmonia. É desafiada a realizar uma pastoral urbana abrangente, em que sejam aprofundadas questões pertinentes à vida na cidade, com uma espiritualidade que seja capaz de envolver todo o espaço urbano.

Que Deus nos ajude!

referências

ABEAD – Associação Brasileira de Estudos do Álcool e outras Drogas. Disponível em: <http://www.abead.com.br/site>. Acesso em: 8 maio 2015.

AKIYOSHI, S. N. Educação cristã – Módulo 12. In: GERONE, L. G. T. **Cidadania e inclusão social na perspectiva da religião cristã**. Curitiba: Interbrás, 2013.

AMORESE, R. M. **Icabode**: da mente de Cristo à consciência moderna. São Paulo: Abba Press, 1993.

ANTONIAZZI, A. et al. **A presença da Igreja na cidade**. Rio de Janeiro: Vozes, 1994.

APÓS 9 meses, polícia conclui culpa de garoto no caso Pesseghini. **G1,** São Paulo, 20 maio 2014. Disponível em: <http://g1.globo.com/sao-paulo/noticia/2014/05/apos-9-meses-policia-conclui-inquerito-do-caso-pesseghini.html>. Acesso em: 28 maio 2015.

ARÊDE JUNIOR, F. R.; FELICIANO, J. S. **Abordagem & prevenção em dependência química**. Rio de Janeiro: Junta de Missões Nacionais da Convenção Batista Brasileira, 2010.

BARRO, J. H. (Org.). **O pastor urbano**. Londrina: Descoberta, 2003.

____. **O mal-estar da pós-modernidade**. Rio de Janeiro: J. Zahar, 1999.

BARTH, K. **A Bíblia e o jornal**. Disponível em: <http://theologando-theologiacontemporanea.blogspot.com.br/2009/06/biblia-eo-jornal.html>. Acesso em: 21 jun. 2015.

BAUMANN, R. **A difícil tarefa de pregar a verdade na pós-modernidade**. 2012. 1 charge. Disponível em: <https://adriopequeno.wordpress.com/page/5>. Acesso em: 8 maio 2015.

BEAUMONT, M. **Enciclopédia bíblica ilustrada**. Barueri: Sociedade Bíblica do Brasil, 2013.

BENEVIDES, C. Brasil tem aumento de 45,6% no número de divórcios em 1 ano. **O Globo**, segunda-feira, 17 dez. 2012. Disponível em: <http://oglobo.globo.com/brasil/brasil-tem-aumento-de-456-no-numero-de-divorcios-em-1-ano-7070539>. Acesso em: 17 nov. 2015.

BEZERRA, C. M. **Missão urbana**. Curitiba: SGEC – Secretaria Geral de Educação e Cultura da Igreja do Evangelho Quadrangular, 2009.

BÍBLIA SAGRADA. Português. **Bíblia de estudo ARA**. Tradução de João Ferreira de Almeida. Rev. e atual. Barueri: Sociedade Bíblica do Brasil, 2006.

____. Português. **Bíblia de estudo NTLH**: nova tradução na linguagem de hoje. Barueri: Sociedade Bíblica do Brasil, 2005.

____. Português. **Bíblia missionária de estudo**. Barureri: Sociedade Bíblica do Brasil, 2014.

____. Português. **Nova versão internacional**. Tradução de Sociedade Bíblica Internacional. São Paulo: Vida, 2000.

BLOG do Don Ruy. **Teologia da missão integral**: conheça um pouco. 2012. 1 fot.: color. Disponível em: <http://donruy.blogspot.com. br/2012/11/teologia-da-missao-integral-conheca-um.html>. Acesso em: 8 maio 2015.

BOLSÃO. In: **Aulete digital**. Disponível em: <http://www.aulete.com. br/bolsao>. Acesso em: 8 maio 2015.

BOSCH, D. J. **Missão transformadora**: mudanças de paradigma na teologia da missão. Tradução de Geraldo Korndörfer e Luís M. Sander. São Leopoldo: Sinodal, 2002.

BOTELHO, J. **Ser ou não ser!**, 2009. 1 charge. Disponível em: <http:// jasielbotelho.blogspot.com.br/2009/06/ser-ou-nao-ser.html>. Acesso em: 8 maio 2015.

BRANCO, A. **Pensador uol**. Disponível em: <http://pensador.uol.com. br/frase/NzgyNjAz>. Acesso em: 21 jun. 2015.

BRASIL. Constituição (1988). **Diário Oficial da União**, Brasília, DF, 5 out. 1988. Disponível em: <http://planalto.gov.br/ccivil_03/ Constituicao/Constituicao.htm>. Acesso em: 7 out. 2015.

BRASIL. Lei n. 9.394, de 20 de dezembro de 1996. **Diário Oficial da União**, Poder Legislativo, Brasília, DF, 23 dez. 1996. Disponível em: <http://www.planalto.gov.br/ccivil_03/Leis/L9394.htm>. Acesso em: 7 out. 2015.

BRASIL. Ministério da Saúde. Secretaria de Atenção à Saúde. **Política Nacional de Saúde da Pessoa Portadora de Deficiência**. Brasília: MEC, 2008.

BRASIL. Ministério Público Federal. Procuradoria Federal dos Direitos do Cidadão. **Direitos do Cidadão**. jul. 2011. Disponível em: <http:// www.prrr.mpf.mp.br/cartilha-direitos-do-cidadao-volume-ii.pdf>. Acesso em: 8 maio 2015.

BRASIL. Projeto de Lei 7.972, de 16 de julho de 2010. **Projetos e outras proposições**, Poder Legislativo, Brasília, DF, 16 jul. 2010. Disponível em: <http://www.camara.gov.br/proposicoesWeb/ficha detramitacao?idProposicao=488460>. Acesso em: 21 jun. 2015.

BRIGHENTI, A. **Reconstruindo a esperança**: como planejar a ação da Igreja em tempos de mudança. 3. ed. São Paulo: Paulus, 2000.

BRUINI, E. de C. Educação no Brasil. **Brasil Escola**. Disponível em: <http://www.brasilescola.com/educacao/educacao-no-brasil.htm>. Acesso em: 8 out. 2015.

BRUNN, S. D.; HAYS-MITCHELL, M.; ZEIGLER, D. J. (Ed.). **Cities of the World**: World Regional Urban Development. 4. ed. Lanham: Rowman & Littlefield Publishers Inc., 2008.

BRYAN, J. **Conversando sobre deficiências**. São Paulo: Moderna, 1997. (Coleção Conversando Sobre).

CALVINO, I. **As cidades invisíveis**. São Paulo: Companhia das Letras, 1990.

CARLINI, E. A. et al. **II levantamento domiciliar sobre o uso de drogas psicotrópicas no Brasil**: estudo envolvendo as 108 maiores cidades do país – 2005. São Paulo: Páginas & Letras, 2007. v. I.

CARVALHO, G. V. R. de. (Org.). **Cosmovisão cristã e transformação**. Viçosa: Ultimato, 2006.

CASTELLS, M. **A questão urbana**. Tradução de Arlene Caetano. Rio de Janeiro: Paz e Terra, 1983.

CASTRO, C. P. de. **A cidade é a minha paróquia**. São Paulo: Editeo; Exodus, 1996.

CAVALCANTE, M. B. **O conceito de pós-modernidade na sociedade atual**. 2015. Disponível em: <http://meuartigo.brasilescola.com/ geografia/o-conceito-posmodernidade-na-sociedade-atual.htm>. Acesso em: 8 maio 2015.

CIRINO, A.; GREENWOOD, M. **Ministério social cristão**: base bíblica, mobilização da igreja e ações práticas. Rio de Janeiro: Convicção, 2012.

CNJ – Conselho Nacional de Justiça. **Boletim do Magistrado**, 9 jun. 2014. Disponível em: <http://www.cnj.jus.br/component/acymailing/archive/view/listid-4-boletim-do-magistrado/mailid-5632-boletim-do-magistrado-09062014>. Acesso em: 8 maio 2015.

COMBLIN, J. **Desafios aos cristãos do século XXI**. São Paulo: Paulinas, 2004.

COUTO, A. I. F. **Missão Integral da Igreja**: mito ou realidade. 2010. Disponível em: <http://www.cicerobezerra.com/php/modules/smartsection/item.php?itemid=9>. Acesso em: 21 jun. 2015.

CUNHA, J. H. A. da. **A ação pastoral dos leigos**: missão, ministério e serviço. 86 f. Dissertação (Mestrado em Teologia) – Departamento de Teologia, Pontifícia Universidade Católica do Rio de Janeiro, Rio de Janeiro, 2011. Disponível em: <http://www2.dbd.puc-rio.br/pergamum/biblioteca/php/mostrateses.php?open=1&arqtese=0912223_2011_IndInd.html>. Acesso em: 8 maio 2015.

CUNHA, M. J. S. **O reino entre nós**: transformação de comunidades pelo evangelho integral. Viçosa: Ultimato, 2003.

CURITIBA. **Conselhos municipais**. Disponível em: <http://www.curitiba.pr.gov.br/conteudo/conselhos-municipais-sgm/486>. Acesso em: 28 maio 2015.

DALGALARRONDO, P. et al. Religião e uso de drogas por adolescentes. **Revista Brasileira de Psiquiatria**, n. 26, v. 2, p. 82-90, 2004.

DIÁLOGOS POLÍTICOS. **O século das cidades**. 28 jan. 2011. Disponível em: <https://dialogospoliticos.wordpress.com/2011/01/28/o-seculo-das-cidades>. Acesso em: 8 maio 2015.

DIRCEU. **A relação "natural" da pobreza × riqueza**. 2009. 1 charge. Disponível em: <http://tatodemacedo.blogspot.com.br/2009/05/relacao-natural-da-pobreza-x-riqueza.html>. Acesso em: 8 maio 2015.

DOSTOIÉVSKI, F. M. **Dostoiévski**: Correspondências (1838-1880). Tradução de Robertson Frizero. Porto Alegre: 8Inverso, 2009.

FARIA, F. S. de. **A Bíblia e a cidade**. 30 out. 2011. Disponível em: <http://www.ultimato.com.br/comunidade-conteudo/a-biblia-e-a-cidade>. Acesso em: 8 maio 2015.

FERREIRA, D. **Evangelismo total**. Rio de Janeiro: Juerp, 1990.

FREIRE, P. **Pedagogia da autonomia**: saberes necessários à prática educativa. Rio de Janeiro: Paz e Terra, 1996. Disponível em: <http://www2.uesb.br/pedh/wp-content/uploads/2014/02/Pedagogia-da-Autonomia.pdf>. Acesso em: 8 maio 2015.

FREITAS, E. de. **Violência urbana no Brasil.** Disponível em: <http://www.mundoeducacao.com/geografia/violencia-urbana-no-brasil.htm>. Acesso em: 21 jun. 2015.

GELLNER, E. **Pós-modernismo, razão e religião**. Lisboa: Instituto Piaget, 1992. (Coleção Crença e Razão).

GERMANO, A.; SEIBERT, E. **A Bíblia e a educação**. Sociedade Bíblica do Brasil, 2011. Palestra proferida no Seminário de Ciências Bíblicas.

GERONE JUNIOR, A. **Capelania carcerária**: Capelão Adriano Casanova – Belém/PA. 2010. 1 fot.: color.

GIDDENS, A. **The Consequences of Modernity**. Cambridge: Polity Press, 1990.

GOMES, K. V. **A dependência química em mulheres**: figurações de um sintoma partilhado. 226 f. Tese (Doutorado em Psicologia) – Programa de Pós-graduação em Psicologia, Instituto de Psicologia da Universidade de São Paulo, São Paulo, 2010. Disponível em: <http://www.teses.usp.br/teses/disponiveis/47/47134/tde-10112010-082915/pt-br.php>. Acesso em: 8 maio 2015.

GONÇALVES, C. W. P. **Amazônia, Amazônias**. São Paulo: Contexto, 2010.

GONDIM, R. **Fim de milênio**: os perigos e desafios na pós-modernidade na igreja. São Paulo: Abba Press, 1996.

___. **Missão integral**: em busca de uma identidade evangélica. São Paulo: Fonte Editorial, 2010.

GUINNESS, O.; SEEL, J. **No God but God**. Chicago: Moody Press, 1992.

HOFFMANN, A. **A cidade na missão de Deus**: o desafio que a cidade representa para a Bíblia e à missão de Deus. Curitiba: Encontro, 2007.

HOUAISS, A.; VILLAR, M. de; Franco, S. **Dicionário eletrônico Houaiss da Língua Portuguesa**. Rio de Janeiro: Objetiva, 2001. 1 CD-ROM.

IBAB – Igreja Batista de Água Branca. **Igreja**: ser e pertencer, n. 23, ago. 2012. Disponível em: <http://ibab.com.br/pdf/ibabagosto12.pdf>. Acesso em: 8 maio 2015.

IBGE – Instituto Brasileiro de Geografia e Estatística. **Sinopse do censo demográfico**. 2010. Disponível em: <http://www.censo2010. ibge.gov.br/sinopse/index.php?dados=8>. Acesso em: 8 maio 2015.

___. **Cartilha do Censo 2010**: Pessoas com Deficiência. Brasília: SDH-PR/SNPD, 2012.

___. **Censo Demográfico 2010**: Características gerais da população, religião e pessoas com deficiência. Brasília: IBGE, 2012.

___. **Pesquisa Nacional por Amostra de Domicílios - PNAD 2011**. Rio de Janeiro: IBGE, 2012. Disponível em: <http://www.ibge.gov. br/home/presidencia/noticias/imprensa/ppts/0000001013570921 2012572220530659.pdf>. Acesso em: 17 nov. 2015.

IGREJA Presbiteriana de Itaboa. **Reforma**. Disponível em: <http:// ipbitaboa.blogspot.com.br>. Acesso em: 8 maio 2015.

IGUATU.net. **"Deus é gay" e outras frases são pichadas em igreja**. 2012. 1 fot.: color. Disponível em: <http://iguatu.net/novo/ wordpress/?p=103384>. Acesso em: 8 maio 2015.

SOLANGE; ROSAURA. Reflexão. **Instituto Integrar**. 2012. 1 fot.: color. Disponível em: <http://www.integrar.org.br/paginas/manchete. asp?277>. Acesso em: 8 maio 2015.

IPEA – Instituto de Pesquisa Econômica Aplicada. **Atlas do desenvolvimento humano no Brasil**. 2013. Disponível em: <http://www.atlasbrasil.org.br/2013/pt/home>. Acesso em: 8 maio 2015.

KOHL, M. W.; BARRO, A. C. (Org.). **Missão integral transformadora**. Londrina: Descoberta, 2005.

KRAAS, F. et al. O desafio das megacidades: a maior parte da população mundial vive em cidades com mais de 5 milhões de habitantes. **Revista Planeta**, São Paulo, ed. 437, fev. 2009. Disponível em: <http://revistaplaneta.terra.com.br/secao/unesco-planeta/ o-desafio-das-megacidades>. Acesso em: 8 maio 2015.

LAUSANNE, S. **O evangelho e a cultura**: a contextualização da palavra de Deus. São Paulo: ABU, 2007a.

_____. **O evangelho e o homem secularizado**: o desafio do homem e da sociedade moderna. São Paulo: ABU, 2007b.

LEWIS, A. **Pensador**. Disponível em: <http://pensador.uol.com.br/ autor/sir_arthur_lewis>. Acesso em: 21 jun. 2015.

LIDÓRIO, R. Despersonificação processual. [s.l.], 2007. Material não publicado. In: LIDÓRIO JÚNIOR, G. J. Teologia e secularismo. **Irmaos.com**, 17 set. 2008. Disponível em: <http://www.irmaos. com/artigos/index.php?id=2156>. Acesso em: 17 nov. 2015.

LINO, B. **O cristão pós-moderno**. 17 jun. 2010. Disponível em: <http:// www.genizahvirtual.com/2010/06/o-cristao-pos-moderno.html>. Acesso em: 8 maio. 2015.

LINTHICUM, R. **A transformação da cidade**. Belo Horizonte: Missão, 1990.

LYOTARD, J-F. **A condição pós-moderna**. Rio de Janeiro: José Olympio, 2008.

LYOTARD, J-F. **O pós-moderno**. Tradução de Ricardo Corrêa. Rio de Janeiro: José Olympio, 1986.

MAIA, T. O. **A crise da sociedade atual como crise de sentido**: o horizonte de esperança da mensagem cristã. 163 f. Dissertação (Mestrado em Teologia) – Pontifícia Universidade Católica do Paraná, Curitiba, 2011.

MEIRELLES FILHO, J. C. **O livro de ouro da Amazônia**: mitos e verdades sobre a região mais cobiçada do planeta. Rio de Janeiro: Ediouro, 2004.

MONROE, P. **História da educação**. 14. ed. São Paulo: Companhia Editora Nacional, 1979.

MONTENEGRO, M. CNJ divulga dados sobre nova população carcerária brasileira. **Agência CNJ de Notícias**. 2014. Disponível em: <http://www.cnj.jus.br/component/acymailing/archive/view/listid-4-boletim-do-magistrado/mailid-5632-boletim-do-magistrado-09062014>. Acesso em: 8 maio 2015.

MORAES, J. M. Pós-modernidade: uma luz que para uns brilha e para outros ofusca no fim do túnel. **Revista Veiga Mais**, Rio de Janeiro, ano 3, n. 5, 2004. Disponível em: <http://www.angelfire.com/sk/holgonsi/otimismopos-moderno2.html>. Acesso em: 21 jun. 2015.

MOURA, P. G. M. de. Novas formas de organização e participação. In: ULBRA – Universidade Luterana do Brasil (Org.). **Sociedade e Contemporaneidade**. Curitiba: Ibpex, 2007.

MUMFORD, L. **A cidade na história**: suas origens, transformações e perspectivas. Tradução de Neil R. da Silva. São Paulo: Martins Fontes; Brasília: Editora Universidade de Brasília, 1982.

MUSEU da Bíblia. **Novidade sobre a Bíblia**. Disponível em: <http://www.museudabiblia.org.br/media/916/3.jpg>. Acesso em: 8 maio 2015.

MUZIO, R. **Evangelização no contexto urbano**. 8 nov. 2011. Disponível em: <http://www.rubensmuzio.org/index.php/recursos/artigos/2 25-evangelizacao-no-contexto-urbano>. Acesso em: 8 maio 2015.

____. **O crescimento numérico dos evangélicos**. Disponível em: <http://www.lideranca.org/cgi-bin/mods/apage/apage. cgi?f=crescimento_evangelicos.htm&apdir=destaques>. Acesso em: 21 jun. 2015.

NASCIMENTO, V. **Seis tendências do cristianismo nos Estados Unidos**. 29 dez. 2010. Disponível em: <http://www.genizahvirtual. com/2011/02/pesquisa-revela-tendencia-do.html>. Acesso em: 8 maio 2015.

NERY, M. C. R. Um olhar integrado sobre a sociedade contemporânea. In: ULBRA – Universidade Luterana do Brasil (Org.). **Sociedade e contemporaneidade**. Curitiba: Ibpex, 2007.

NORDESTE concentra mais da metade dos analfabetos do país, diz IBGE. **G1**, 21 set. 2012. Disponível em: <http://g1.globo.com/educacao/ noticia/2012/09/nordeste-concentra-mais-da-metade-dos-analfabetos-do-pais-diz-ibge.html>. Acesso em: 8 maio 2015.

NOVAES, R. Os jovens "sem religião": ventos secularizantes, "espírito de época" e novos sincretismos. **Estudos avançados**, v. 18, n. 52, set./dez. 2004. Disponível em: <http://dx.doi.org/10.1590/S0103-40142004000300020>. Acesso em: 8 maio 2015.

OLIVA, J. T.; GIANSANTI, R. O espaço agrário brasileiro. In: ____. **Temas da Geografia do Brasil**. São Paulo: Atual, 1999. p. 32-78.

OLIVEIRA, I. A. de (Org.). **Caderno de atividades pedagógicas em educação popular**: relatos de pesquisa e de experiências dos grupos de estudos e trabalhos. Belém: Eduepa, 2009.

____. **Cartografias ribeirinhas**: saberes e representações sobre práticas sociais cotidianas de alfabetizandos amazônidas. 2. ed. Belém: Eduepa, 2008.

PADILHA, C. R. **Missão integral**. São Paulo: FTLB – Temática Publicações, 1992.

_____. **Missão integral**: Ensaios sobre o reino e a igreja. Londrina: Descoberta, 2005.

_____. **O que é missão integral?** Viçosa: Ultimato, 2009.

PIMENTA, S. G.; GHEDIN, E. (Org.). **Professor reflexivo no Brasil**: gênese e crítica de um conceito. 3. ed. São Paulo: Cortez, 2005.

PIRAGINE JUNIOR, P. **Crescimento integral da Igreja**: uma visão prática de crescimento em múltiplas dimensões. São Paulo: Vida, 2006.

PISA – Programa Internacional de Avaliação de Estudantes. **Relatório Nacional PISA**. 2012. Disponível em: <http://download.inep.gov.br/acoes_internacionais/pisa/resultados/2014/relatorio_nacional_pisa_2012_resultados_brasileiros.pdf>. Acesso em: 21 jun. 2015.

PROCHNOW, M.; SCHAFFER, W. B. **Pequeno manual para elaboração de projetos**. Rio do Sul: Ed. da UFRS, 1999.

QUEIRÓS, J. M. E. de. **A cidade e as serras**. São Paulo: Ática, [S.d]. Disponível em: <http://www.dominiopublico.gov.br/pesquisa/DetalheObraForm.do?select_action=&co_obra=1790>. Acesso em: 8 maio 2015.

ROCHA, A. M. **Pós-modernidade**: ruptura ou revisão? São Paulo: Cidade Nova, 1998. (Coleção Pensar Mundo Unido).

ROCHA, C. **Responsabilidade social da igreja**. Londrina: Descoberta, 2003.

ROCHA FILHO, J. B. **Transdisciplinaridade**: a natureza íntima da educação científica. Porto Alegre: EdiPUCRS, 2007.

ROTHBARTH, C. H. Arquivo pessoal. Igreja matriz São Paulo Apóstolo, 1876. 1 fot.: p.b. In: DAY, A. **A vida religiosa no início da Colônia Blumenau**. 2012. Disponível em: <http://adalbertoday.blogspot.com.br/2012/04/vida-religiosa-no-inicio-da-colonia.html>. Acesso em: 8 maio 2015.

SANCHEZ, Z. van der M. **As práticas religiosas atuando na recuperação de dependentes de drogas**: a experiência de grupos católicos, evangélicos e espíritas. Tese (Doutorado em Ciências) – Universidade de São Paulo, São Paulo, 2006.

SANCHEZ, Z. M.; OLIVEIRA, L. G.; NAPPO, S. A. Fatores protetores de adolescentes contra o uso de drogas com ênfase na religiosidade. **Ciência & Saúde Coletiva**, v. 9, n. 1, p. 43-55, 2004.

SANZIO, R. **São Paulo pregando em Atenas**. 1515-1516. 1 Têmpera sobre cartão: color.; 343 × 442 cm. Victoria and Albert Museum, Londres. Disponível em: <http://pt.wikipedia.org/wiki/Lista_de_pinturas_de_Rafael?uselang=pt-br#/media/File:V%26A_-_Raphael,_St_Paul_Preaching_in_Athens_(1515).jpg>. Acesso em: 8 maio 2015.

SARTRE, J. P. **Pensador**. Disponível em: <http://pensador.uol.com.br/frase/OTk0MA>. Acesso em: 21 jun. 2015.

SBB – Sociedade Bíblica do Brasil. **Plano regional de ação social**: Programa Luz na Amazônia. 2011. Disponível em: <http://www.sbb.org.br/interna.asp?areaID=131>. Acesso em: 8 maio 2015.

SCHWARTZMAN, S. **As causas da pobreza**. Rio de Janeiro: FGV, 2004.

SCRUTON, R. **Breve história da filosofia moderna.** Lisboa: Guerra e Paz, 2010.

SHEDD, R. **A justiça social e a interpretação da Bíblia**. São Paulo: Vida Nova, 1993.

SITUAÇÃO precária de escolas públicas em Alagoas, em Pernambuco e no Maranhão. **G1**, 9 mar. 2014. Disponível em: <http://g1.globo.com/fantastico/noticia/2014/03/fantastico-mostra- situacao-precaria-de-escolas-publicas-em-alagoas-em-pernambuco-e -no-maranhao.html>. Acesso em: 21 jun. 2015.

STOTT, J. R. W. **A missão cristã no mundo**. São Paulo: Candeia, 2008.

___. **John Stott comenta o pacto de Lausanne**. São Paulo: ABU; Visão Mundial, 1983.

TEMPLODEAPOLO.NET. **Cidade de Ur**. Disponível em: <http://www. templodeapolo.net/imagens_secao.asp?secao=Hist%C3%B3ria& offset=781>. Acesso em: 8 maio 2015.

____. **Mapa da Mesopotâmia**. Disponível em: <http://www.historia. templodeapolo.net>. Acesso em: 8 maio 2015.

TERRA da cultura. **Cesarea**: Israel. 2011. 1 fot.: color. Disponível em: <http://terradacultura.blogspot.com.br/2011/11/cesarea-israel. html>. Acesso em: 8 maio 2015.

TOMAZ, K. Mãe acusada de matar filhas passará por exame de insanidade mental. **G1**, São Paulo, 15 out. 2014. Disponível em: <http://g1.globo.com/sao-paulo/noticia/2014/10/mae-acusada-de-matar-filhas-passara-por-exame-de-insanidade-mental.html>. Acesso em: 28 maio 2015.

TOURNIER, P. **Mitos e neuroses**. Tradução de Yara Tenório da Motta. São Paulo: ABU, 2002.

UN-HABITAT. **The Challenge of Slums**: Global Report on Human Settlements 2003. London: Earthscan, 2003.

UNFPA – Fundo de População das Nações Unidas. **Relatório sobre a Situação da População Mundial.** 2011. Disponível em: <http://www. unfpa.org.br/Arquivos/swop2011.pdf>. Acesso em: 8 maio 2015.

UNICEF – Fundo das Nações Unidas para a Infância. **Ser criança na Amazônia**: uma análise das condições de desenvolvimento infantil na Região Norte do Brasil. Belém: Unicef/Fundação Joaquim Nabuco, 2004. Disponível em: <http://www.unicef.org/brazil/pt/ ser_crianca_amazonia.pdf>. Acesso em: 8 maio 2015.

UOL NOTÍCIAS. **Censo 2010**: população urbana e rural. 2011. Disponível em: <http://noticias.uol.com.br/censo-2010/ populacao-urbana-e-rural>. Acesso em: 8 maio 2015.

UOL NOTÍCIAS. **Dados do IBGE mostram perfil de favelas e moradores**. 2013. Disponível em: <http://noticias.uol.com.br/infograficos/2013/11/05/dados-do-ibge-mostram-perfil-de-favelas-e-moradores.htm>. Acesso em: 8 maio 2015.

_____. **IBGE aponta que 58% dos brasileiros têm carências sociais; novo indicador de pobreza considera qualidade de vida**. 2012. Disponível em: <http://noticias.uol.com.br/cotidiano/ultimas-noticias/2012/11/28/58-dos-brasileiros-tem-ao-menos-uma-carencia-social-aponta-ibge-novo-indicador-leva-em-conta-a-qualidade-de-vida.htm>. Acesso em: 8 maio 2015.

VICEDOM, G. F. **A missão como obra de Deus:** introdução a uma teologia da missão. Tradução de Ilson Kayser e Vilmar Schneider. São Leopoldo: Sinodal, 1996.

WAISELFISZ, J. J. **Mapa da violência 2012**: os novos padrões da violência homicida no Brasil. São Paulo, 2011. Disponível em: <http://oglobo.globo.com/arquivos/mapa_violencia_2012.pdf>. Acesso em: 21 jun. 2015.

WARE, C. F. **Estudio de la comunidad**: como averiguar recursos; como organizar esfuerzos. 2. ed. Buenos Aires: Humanitas, 1968.

WILL, Y. **Pensador.** Disponível em: <http://pensador.uol.com.br/autor/yasmiim_will/2>. Acesso em: 21 jun. 2015.

sobre o autor

Acyr de Gerone Junior é pastor e bacharel em Teologia pelo Seminário Teológico Betânia de Curitiba. Tem MBA em Gestão Empresarial pela Fundação Getúlio Vargas (FGV), é pós-graduado em Projetos Sociais no Terceiro Setor pela Faculdade Teológica Batista do Paraná (FTBP) e em Ciências da Religião pela Faculdade Entre Rios do Piauí (Faerpi). É mestre em Educação pela Universidade Federal do Pará (UFP) e doutorando em Teologia pela Pontifícia Universidade Católica do Rio de Janeiro (PUC-Rio). Atualmente é Secretário da Regional da Sociedade Bíblica do Brasil no Rio de Janeiro.

Os papéis utilizados neste livro, certificados por instituições ambientais competentes, são recicláveis, provenientes de fontes renováveis e, portanto, um meio **responsável** e natural de informação e conhecimento.

Impressão: Reproset
Julho/2023